Fashion 3.0
내일을 위한
어제와의 대화

Fashion 3.0, 내일을 위한 어제와의 대화

초판 1쇄 인쇄 2025년 1월 16일
초판 1쇄 발행 2025년 1월 31일

지은이 민은선

발행인 백유미 조영석
발행처 (주)라온아시아
주소 서울특별시 서초구 방배로 180 스파크플러스 3F

등록 2016년 7월 5일 제 2016-000141호
전화 070-7600-8230   **팩스** 070-4754-2473

값 20,500원
ISBN 979-11-6958-145-5 (13320)

라온북은 독자 여러분의 소중한 원고를 기다리고 있습니다. (raonbook@raonasia.co.kr)

FASHION 3.0
내일을 위한
어제와의 대화

민은선 지음

대한민국 패션 50년의 크로니클부터 미래 전망까지!
국내 패션 최고 전문가 민은선의 비즈니스 통찰

"캐시카우에서 성장을 멈춘 대한민국 패션산업을
새롭게 할 변화의 핵심부터 되짚는다"

RAON
BOOK

RAON
BOOK

패션을 사랑하는 후배들에게 이 편지를 쓴다

1. '그럼에도 불구하고' 잊지 말아야 할 것

지금 밤잠을 설치며 신상품 디자인을 고민하는 A, 기획 아이디어를 찾기 위해 어느 골목길 매장을 뒤지고 있을 B, 더 좋은 원단과 부자재를 찾기 위해 동대문 새벽시장을 돌고 있을 C, 지나간 한국 패션 역사의 무엇인가가 궁금해 교보문고 패션 책 코너를 뒤지고 있을 D, 자신이 몸담은 패션기업과 업계의 후진성에 실망하며 이직이나 독립을 고민하는 E, 온라인에서 자신의 브랜드로 옷을 판매해오다가 새로운 제안을 받았는데 해야 하나 말아야 하나 고민하고 있을 F, 해외로 홀세일을 하고 있는데 내수시장의 판로를 검토하고 있는 G, 용감하게 패션창업을 결심했으나 인프라도, 가이드도 없는 패션업계 현실을 확인하며 막막해

하는 H ….

　그밖에 여러 가지 이유로 혼란스러운 후배들에게 이 편지를 쓴다. 지난 수년간 세상은 디지털 트랜스포메이션과 빅데이터, 메타버스, NFT, AI로 인해 미친 속도감으로 변화해왔다. 최근 ChatGPT로 촉발된 생성형AI의 등장은 그동안의 기술과는 또 다른 강도와 속도로 우리에게 다가온다.

　도대체 눈을 뜨면 등장하는 수많은 테크놀로지를 따라가느라 멀미가 날 지경이다. 전통 산업에 몸담고 있는 사람들은 예외 없이 이런 기술이 자신에게 어떤 영향을 미칠지 아직 정확한 데이터와 정보가 없이 불안해할 뿐이다. 주변의 어느 선배도 상사도 가이드라인을 제시해주는 이는 없다. 거의 카오스에 가까운 혼란 속에 다들 홀로 자신의 미래에 대해 고민한다. 과연 어떤 기준으로 나의 자리에서 견딜 것이며 불투명한 이후를 위해 무엇을 준비해야 하는 것일까.

　세상의 소리 속에 우리가 잊고 있는 것이 있다. 까마득한 옛날 실크로드를 거쳐 동방에서 서양으로 건너가, 필요에서 가치로 변한 명품의 첫 탄생에서부터 루이 14세와 베르사유 궁전의 사치와 쾌락, 르네상스와 메디치 가문, 예술의 산물들이 럭셔리 브랜드로 이어지고 피렌체 장인의 손끝에서 만들어져 귀족을 만족시키던 가죽제품이 오늘날 럭셔리 하우스로 성장한 것이 유럽 패션의 역사다. 모든 패션 브랜드의 탄생도, 패스트 패션도 럭셔리를 닮고자 하는 욕망이 그 출발이다.

방직기가 개발된 산업혁명 덕분에 기계를 활용한 직물 제조는 한땀 한땀 손으로 만든 귀족들의 전유물이었던 패션을 서민들에게 전파했다. 전기 에너지 기반의 2차 산업혁명은 패션산업을 시스템화된 대량생산 체제로 구축하면서 섬유와 의류 제조과정이 대대적으로 혁신됐고 이후 저렴한 가격으로 대중에게 제공, 진정한 패션 민주주의로 이어졌다.

컴퓨터와 인터넷 기반의 3차 산업혁명은 생산 프로세스 자동화와 효율화로 디자인, 패턴 제작, 재고 관리, 주문 처리와 같은 다양한 작업을 컴퓨터화하면서 노동력이 줄고 생산성이 크게 향상됐다. 온라인에서의 패션 e커머스의 발전과 빅데이터는 모든 과정과 결과물들을 검증하고 예측한다.

이제 생성형AI의 등장과 로봇의 발전은 우리가 전혀 예측할 수 없는 속도와 범주로 변화를 가속화할 전망이다. 기술이 새로운 세상으로의 이동을 가능하게 하는 도구인 것은 분명하다. 과거의 역사가 이를 증명해준다. 컴퓨터와 모바일이 지난 10여 년간 우리 인류의 일과 생활을 얼마나 어떻게 바꾸었는지 기억하면 쉽게 이해된다.

하지만 에르메스, 루이비통, 구찌의 히스토리, 샤넬과 디올의 탄생과 성장은 기술의 발전 속에 면면히 이어오며 세대를 뛰어

넘는다. 결국, 기술을 능가하는, 아니 기술의 발전 속에서도 변치 않는 것은 바로 아름다움을 지향하는 인간의 욕망이다. 한발 더 나아가자면 자크 라캉(프랑스의 철학자이자 정신분석학자)의 말처럼 타인의 욕망을 욕망하는 더 큰 인간의 욕망이 있다. 그 욕망을 채우는 것은 기술만으로는 부족하다는 점이다.

기술의 발전이 역사상 그 어느 때보다도 빠르고 중요한 지금, 기술이 세상을 바꾼 역사의 동일 궤적에서 '그럼에도 불구하고' 이처럼 바뀌지 않는 패션업의 본질을 얘기하고자 한다. 기술이 삼켜버려 모두가 까마득히 잊어버린 그것을 기억하며, 우리가 살아온 시대의 기록과 흔적을 남기기로 결심했다. 시대를 뛰어넘어 기술이 통제할 수 없는 변치 않는 가치를 말이다.

2. 왜 기록을 남겨야 하는가?

혜택받은 세대로서의 기여가 첫 번째 이유다. 디지털과 인공지능의 화두 속에 마치 지난 30년간 달려온 한국 패션의 역사가 아무 일도 없었던 것처럼 'Delete'된 것 같은 느낌을 지우고 싶어서이기도 하다. 한국 경제와 내수시장의 성장기에 패션산업에 몸담고 청춘을 보낸 이들의 치열하고 성실하고 자부심 넘쳤던 인생의 흔적이 사라진 것 같은 약간의 억울함도 있다.

뒤돌아보면 축복받은 시대였다. 우리가 빛나게 성장해온 그

것이, 우리들의 노력과 실력 때문이라 믿었던 것이 사실은 복 받은 시대를 살아 온 때문이라는 것을 요즘 깨닫는다. '디지털' 이후 세상은 달라졌지만, 역사는 반복된다. 반복의 역사를 통찰하는 사람과 기업은 도구와 기술이 아무리 발전해도 변치 않는 가치를 기억하며 새로운 혁신을 이루어왔다. 과거의 기록을 기반으로 후배들이 더욱 멋진 역사를 만들어주기를 바라는 간절함을 담아 이 글을 전한다.

더불어 책쓰기를 함께 시작하고 내 등을 떠밀어준 김영순 고문과 김연수 이사, 학교보다 더 많은 것을 현장을 통해 배우게 해준 패션비즈, 동시대를 함께 보내며 배움과 지식, 경험을 아낌없이 나눠준 패션업계 많은 분들, 또 갑자기 하늘나라로 가버린 지재원 선배 덕분에 얼결에 대학 강의를 하며 패션의 과거 현재 미래를 정리할 수 있었다. 감사하게도 이분들과 책을 함께 쓴 것이나 다름없다. 마지막으로 많은 영감과 아이디어를 주는 자랑스러운 언니, 언제나 나의 지원자이며 내 책의 첫 번째 독자인 딸과 남편에게도 고마움을 전한다.

Contents

Chapter.1
패션업의 본질은 영원하다

Chapter.2
꼬리 자르며 달려온 패션업, 축적과 연결이 필요하다

Chapter.3
생각의 이동, 패션업을 새롭게 하다

결국 디자이너에게 마케터적인 소양, 인문학적인 시선이 필요하다. 패션업 종사자들의

역할은 디자이너, MD, 이런 직업군보다는 모두가 마케터, 궁극적으로 마켓 크리에이터가

돼야 한다. 마켓의 변화하는, 그러나 보이지 않는 욕망을 읽고, 그 욕망을 충족시킬 수

있는 뭔가를 새롭게 만들어주는 것, 결국 '마켓인(Market in, 시장과 소비자 요구에서 출발한

제품 개발)'과 프로덕트아웃'(Product out, 자신의 기술 아이디어로 제품개발)'이 결합된 상품이

필요하다. 숨겨진 욕망을 읽고(마켓인) 그걸 잘 캐치한 나만의 상품을 만들어(프로덕트아

웃) 소비자를 만들어 가야(마켓크리에이터) 하는 것이다.

Chapter.1

패션업의 본질은 영원하다

패션은 사람의 욕망을
자극하는 것

"에르메스에서 취급하는 것은 '필요'가 아니라 '욕망'입니다"

켈리백의 가격에 놀라는 주인공에게 종업원이 한 이 말처럼 패션업의 본질을 잘 말해주는 문장이 있을까. 관음증을 소재로 한 알프레드 히치콕의 스릴러 영화 '이창(裏窓, Rear Window, 1954)'에서 나오는 대사다. 비비안 리와 말론 브란도가 출연한 영화 '욕망이라는 이름의 전차(1951)'에서 여주 블랑시는 욕망을 통제하지 못해 타락의 길을 걷는다. 그녀가 늘 예쁘게 차려입고 자신만의 세상에 빠져있는 모습은 현실의 좌절감을 상쇄하기 위해 선택한 욕망의 표현이었다.

패션의 본질이 인간의 욕망을 자극하는 것임은 50년대 영화 속에서나 지금이나 변함이 없다. 문제는 그 욕망의 대상이 바뀐다는 사실이다. 현대 패션에서 샤넬과 디올까지 거슬러 올라가지 않더라도 숨겨진 욕망의 개념을 가장 쉽게 이해할 수 있게 해준 디자이너는 구찌 시절의 톰 포드이다.

그는 90년대 공항의 올드한 가방 브랜드인 구찌를 드라마틱하게 변신시키는 데 성공한 디자이너다. 당시 톰 포드가 읽어낸 것은 돈 많은 상류사회 여자들이 조신하게 옷을 입던 시절, 그들의 마음속 섹시한 여자가 되고 싶고 그런 자신을 드러내고 싶어하는 욕망이었고, 그는 바로 그 욕망을 자극했다. 톰 포드의 섹시, 섹스어필 전략은 공전의 히트는 물론 늙어가던 구찌를 다시 리딩 브랜드로 올려놓았다.

톰 포드가 떠난 뒤 특별한 혁신이 없었던 구찌를 다시 부활시킨 이는 알레산드로 미켈레다. 레트로와 빈티지, 하위문화를 강렬하게 뒤섞은 미켈레의 구찌는 MZ세대들을 일시에 끌어들였다. 알게 모르게 신분의 표징(?)이였던 럭셔리가 MZ세대들에 의해 성별, 나이, 인종을 뛰어넘어 자신을 표현하는 수단으로 바뀜과 동시에 욕망의 새로운 시작을 알리게 되었다.

가질 수 없는 것을 갖고 싶어하는 욕망도 있다. 절대 많이 팔지 않는 울트라 하이앤드 브랜드들은 이런 욕망을 정확히 타깃팅한다. 일반인들은 살 수 없는 부가티(BUGATTI, 프랑스의 최고급 수제 자동차 브랜드) 차 광고를 부자들이 보지 않는 매거진에 실은 것은, 독자들이 절대 그 차를 살 수 없지만 질투와 우월감이라는 부자와 대중의 대비된 욕망을 동시에 자극하려는 것이다. 럭서리 중에서도 돈이 있으면 살 수 있는 루이비통, 구찌와 돈이 있어도 사지 못 하는(많이 팔지 않는) 에르메스(혹은 그 이상의 브랜드)의 급이 다르게 세그멘테이션 되는 이유가 거기에 있다.

앞으로 디지털 테크와 생성형AI 등 기술의 격차로 인해 빈부의 차는 더 커지고 신흥 부자는 더 젊어지고 더 많이 출현할 전망이다. 이들은 남들이 갖지 못하는 것을 가짐으로써 자신의 욕망 욕구를 충족시킬 것이다. 초초초 럭서리를 꿈꾸는 소비자를 대상으로 럭서리 브랜드들의 마케팅은 더욱 진화할 것이다.

그렇다면 요즘 사람들의 욕망도 그와 동일할까? 명품을 향하는 많은 이들의 오픈런을 보면 언뜻 동일해 보이기도 한다. 하지만 이 답은 명쾌하게 'No'다. 럭서리 브랜드들의 다양한 서브컬처 브랜드들과의 콜라보레이션, 아트와의 결합, 스트리트 씬의 아트디렉터 영입 등 일련의 움직임을 보면 지금껏 부티크와 소수의 욕망에 부응하는 이들의 갇혀 있던 브랜딩이 대전환기에 들어섰음을 보여준다. 바로 욕망의 대상과 내용의 변화다. 단순히 MZ라는 세대 변화가 아니라 시대의 변화를 의미한다.

'희소가치', '섹시' 등 시대 변화 따라 욕망 대상 변화

스티브 잡스와 마크 주커버그로 대표되는 IT 신흥 부자를 생각해보자. 이들은 블랙 터틀넥과 데님바지에 일주일 내내 같은 티셔츠를 입고 뉴발란스 운동화만 고집했다. 물론 잡스가 리바이스와 함께 코디한 이세이미야케 블랙 터틀넥은 결코 싼 옷은 아니다. 게다가 잡스가 아이패드와 아이폰4를 프레젠테이션할 때 등장한 검은색 소파는 근대 건축의 거장 르코르뷔지에가 디자인한 LC3 제품이다. 지적인 부자들은 옷은 평범하게 입어도 가구나 소품은 헤리티지가 담긴 좋은 것을 선택함을 암시하는 나름의 상징이다.

잡스에 이은 애플사의 경영진을 비롯한 전 세계 IT 리더들과 실리콘밸리, 한국 판교에 흘러 다니는 IT 인재들의 착장은 이와 거의 유사하다. 이 또한 이들 스스로가 만들어낸 욕망의 표현이다. 잡스나 주커버그처럼 탁월하지만 어리숙하게 보이는(너드룩, Nerd Look), 혹은 돈이 많아도 지적인 부자는 패션 따위에 신경을 쓰지 않는다는 것을 은근히(대놓고) 드러내는 욕망의 표현이다.

때문에 우리가 패션의 욕망이라는 본질을 얘기할 때 명품만 논하는 것은 이제 시대착오적이다. IT 부자들뿐인가? 이제는 루이비통, 구찌를 걸치고 다니면 욕망 충족은 커녕 부끄럽다고 생각하는 사람이 많다. 오히려 파타고니아 같은 개념 있는 브랜드가 훨씬 더 가치 있는 옷으로 느껴지기도 한다. 이는 결국 욕망의 대상과 내용이 달라졌음을 보여준다.

이제 패션에서의 욕망은 '되고 싶은 모습'만 표현하기에는 부족하다. 14세기, 루이 14세와 베르사유 궁전에서 시작해 귀족의 삶을 탐하던 평민들의 부러움에서 출발한 서양의 패션, 그리고 그것을 받아들인 우리 입장에서는 아주 오랫동안 '욕망=명품'이라는 등식이 성립했다. '따라하기'에 바빴던 우리에게는 어쩌면 당연한 일이다.

이제 욕망은 '라이프 스타일'이라는 곳으로 또 다른 항해를 시작한 듯하다. 도시 부자들의 럭셔리보다 한적한 전원의 라이프를 더 욕망하는 사람들이 정원 잔디밭 테이블에서 햇빛을 받으며 건강한 식탁을 나누거나 유기농 야채를 직접 키우는 인스타그램의 '좋아요'는 명품 가방의 언박싱 영상보다 더 높다. 뉴욕이나 런던 같은 대도시에서 레깅스를 입고 활보하는 젊은 여성들은 운동도 열심히 하는 커리어 우먼이라는 사회적 가치관을 표현한다.

점심시간에 요가 매트를 끼고 공원에서 단체운동을 하고 스포츠 브랜드들의 그룹 러닝에 참여한다든가 공원에서 명상하기, 자전거 타고 출근하기, 텀블러 갖고 다니기 등 모든 표현이 사람들의 욕망을 대변한다. 룰루레몬은 건강한 삶을 반영하고, 파타고니아는 자연의 존엄함과 지속 가능한 삶을 깊게 파고든다. 스탠리 텀블러를 색깔별로 갖추고 옷 컬러에 맞게 들고 출근하는 것이나 캔버스 백으로 만든 에코백이 인기를 끄는 것도 이를 반영한다.

내 시간과 워라밸, 건강에 대한 태도, 지적인 사람들의 애티튜드, 환경오염을 고민하는 것 등을 상징하며 요즘 옷들이 캐주얼하게 변한 것도 이런 큰 흐름과 같은 맥락이다. 국내에서 남성복 비즈니스 캐주얼이 등장한 것도 과거에는 일과 삶을 분리하지 않다가 워크앤 라이프의 밸런스, 워라밸과 워케이션의 분리를 반영한 것이다. 결국 삶의 방식과 가치관이 패션의 욕망을 규정한다.

No패션~환경까지 숨겨진 마음 읽어내는 시선 필요

꽤 오랫동안 패셔니스타였던 이효리가 다시 주목받았던 시점도 제주도의 소박하고 건강한 삶의 현장 '소길댁'으로서다. 이후 헬시 라이프의 대명사가 된 그녀가 광고모델이 된 착즙기는 매출이 급상승했고 그녀는 다시 광고 퀸으로 등극했다. 이런 흐름을 캐치한 이효리도 영리하지만, 이는 사람들의 욕망 변화를 가장 잘 나타내는 바로미터이기도 하다.

동일한 트렌드의 영향을 받았던 과거와 달리 지금은 모바일로 각자 원하는 매체를 본다. 매스는 사라지고 '우리'에서 '나'로 변한 '섬원(someone)'이 남는다. 개인과 개성화의 시대, 패션은 파편화될 수밖에 없다. 유니크한 스몰 브랜드들의 부상이 그 중거다.

관심의 중심이 내가 되면서 남으로부터의 시선, 남의 판단이 중요했던 과거의 욕망은 이제 의미가 많이 약화됐다. '예뻐보이는'보다 지적임과 개성이 고평가되는 시대, 스테레오 타이프 시대에서 다양성으로 아름다움의 미학이 달라진 시대, 보이는 가치보다 보이지 않는 가치, 스며들어있는 가치가 더 중요한 시대다.

이렇게 달라진 욕망을 읽어내려면 어떻게 해야 할까. 그동안 너무 옷에만 집중해온 패션업계는 예쁜 옷은 잘 만드는데 삶의 변화에 따라 필요한 옷의 관점으로 미래를 읽는 시각이 약하다는 것을 인정하지 않을 수 없다. 과거에는 해외 트렌드를 보고 옷이 어떻게, 어디로 흘러가는지를 봤다면 이제는 사회의 변화와 라이프 스타일, 사람들의 마음의 변화를 읽어내야 한다. 그것이 패션의 본질이다.

결국 디자이너에게 마케터적인 소양, 인문학적인 시선이 필요하다. 패션업 종사자들의 역할은 디자이너, MD, 이런 직업군보다는 모두가 마케터, 궁극적으로 마켓 크리에이터가 돼야 한다. 마켓의 변화하는, 그러나 보이지 않는 욕망을 읽고, 그 욕망을 충족시킬 수 있는 뭔가를 새롭게 만들어주는 것, 결국 '마켓인(Market in, 시장과 소비자 요구에서 출발한 제품 개발)'과 '프로덕트아웃(Product out, 자신의 기술 아이디어로 제품 개발)'이 결합된 상품이 필요하다. 숨겨진 욕망을 읽고(마켓인) 그걸 잘 캐치한 나만의 상품을 만들어(프로덕트아웃) 소비자를 만들어 가야(마켓크리에이터)

하는 것이다.

만드는 쪽만이 아니라 판매 사이드에서도 마찬가지다. 세밀한 욕망을 잘 캐치하려면 소비자를 단순한 판매의 대상, 도구가 아니라 친구같이 마음을 열고 나눌 수 있는 관계의 대상으로 여겨야 한다. 전자의 경우 거짓이 탄로 날 때 손님은 돌아오지 않지만, 후자의 경우 소비자는 친구가 되어 자신의 욕망과 결핍을 브랜드에 피드백하게 되는 것이다.

다시 옷 자체에
집중하기 시작한 패션

"이제 우리 옷 이야기를 합시다!"

미우치아 프라다가 2024 S/S 프라다 컬렉션 이후 한 말이다. 패션의 주인공인 옷 자체의 본질로 돌아가자는 얘기였을까. 해당 시즌 프라다는 "과거를 도구로 삼아 현재를 개조한다"는 설명처럼 과거를 재해석한 컬렉션에 따뜻하고 사랑이 담긴 컬러의 향연, 손맛이 강조된 수공예적인 피스를 선보였다.

미우치아 프라다는 인스타그램을 통해 이렇게 말했다.

"이번 컬렉션의 핵심은 패션에 대한 우리의 '사랑'입니다. 어려운 상황에도 우리가 사랑을 해야 한다는 뻔한 답변은 아닙니다. 현실과 동떨어진 낭만주의가 패션에서 금기시되어온 이유를 단번에 꿰뚫고 우리의 미래가 나아갈 지점을 피려했죠. 입고 싶은 옷, 내 마음을 이끄는 옷, 내가 사랑하는 그런 옷이요."

- 미우치아 프라다의 인스타그램

COVID의 정지된 시간이 훑고 지나간 이후 패션계는 과거를 그리워하는 Y2K와 스트리트 트렌드 속에 화려하고 시끄러운(?) 무드가 대세였다. 하지만 이후 언제 그랬냐는 듯 클래식과 고급감이 두드러지는 '콰이어트 럭셔리'와 '올드 머니 룩', 여기서 한 단계 업그레이드된 '드뮤어(Demure, 얌전한, 조용한)'에 주목한다. 이런 흐름도 잠시, 트렌드는 다시 맥시멀리즘으로 변화되는 추세다. 전 세계적인 경기침체 흐름 속에 튀지 않으면 팔리지 않기 때문이다.

트렌드는 이렇게 매 시즌 바뀌지만 분명한 것은 산드로, 마쥬, 메종키츠네뿐아니라 에이글 같은 아웃도어 브랜드에 이르기까지 고급스러운 테일러링을 강조하며 셀러브리티나 인플루언서들조차도 그런 분위기에 편승한다. 새삼스럽게 좋은 옷과 패션에 대한 사랑이라는 구태의연한 말에 사람들이 귀를 기울이는 이유는 무엇일까.

지금의 흐름은 디지털과 패스트패션, COVID로 인한 오랜 왜곡에 대한 반작용, 엄밀히 얘기하자면 정상화로 해석해도 되지 않을까 싶다. 2025 S/S까지 두 시즌 연속 쇼 현장 사진 촬영을 전면 금지한 '더 로우(The Row)'의 선택은 이런 흐름을 상징하는 의표다. 소셜미디어의 영향력보다는 브랜드의 고급화 전략과 신비주의를 고수하며 자신들의 패션 세계에 집중하기를 택한 더 로우의 철학인 것.

탄생부터 지금까지 로고나 패턴을 드러내지 않고 최상의 소재와 재단 방식을 고집해온 더 로우는 SNS의 즉각적인 영상 공개 대신 종이로 설명함으로써, 빨리 많이 팔기보다는 '고객들과 천천히 대화하겠다'라는 속마음을 리얼하게 표현한 것이다. 한 유명 에디터는 이에 대해 "세상의 흐름에 역행하다니 정신이 있나"라는 댓글을 달기도 했지만, 더 로우의 포스팅에 달린 어마어마한 '좋아요' 숫자는 사람들의 마음을 대변해준다.

패스트패션이 전 세계를 집어삼키고 '디지털'이 대세가 된 이후 패션은 패션 자체보다 마케팅과 SNS 등 외적인 국면에 더 집중해왔다. 당연하다. 빠르게 변화하는 소비자와 세상에 어필하기 위한 노력이 절실히 필요했을 것이다. 하지만 'DT(디지털 트랜스포메이션)'의 미명 아래 좋은 소재와 패턴, 좋은 디자인과 품질에 대한 진지한 열정보다 모니터 상의 비주얼과 빨리 많이 팔기 위한 마케팅과 캠페인에 훨씬 더 치중해온 것이 사실이다.

미우치아 프라다의 '사랑주의', 더 로우의 SNS 금지

비대면의 시간으로 디지털이 정착한 이후 패션업계는 상품에 대한 고민보다는 마케팅에, 소비자에 대한 관심보다는 인플루언서들에 대한 지나친 환대에 몰두하느라 중요하고 당연한 것들을 얼마나 많이 잃어버렸는지 기억조차 하지 못할 정도로 멀리 와 버린 것은 아닌지….

과거 패션 브랜드와 유통업체들의 트렌드 발신의 방식은 트렌드유니온 같은 유럽 패션 정보 회사들의 제안으로부터 시작됐다. 이 트렌드는 디자이너, 스타일리스트, 트렌드 예측분석가들의 직관과 전문 지식에 의해 이뤄진다. 라이프스타일과 사회, 문화의 변화를 파악해서 그 맥락 안에서 패션과 옷이 어떻게 변화할지를 예측하는 것이다.

이 메가트렌드는 '프르미에 비종(Premiere Vision Paris, 파리에서 열리는 세계 최대 패션 소재 박람회)'으로, 다시 파리 밀라노 런던 뉴욕의 패션 컬렉션으로 이어지며 디자이너와 패션 브랜드들은 이 트렌드를 해석, 구현해 각자의 패션을 제안한다. 트렌드가 만들어지는 방식에 대해 '짜고 치는 고스톱'이라는 비아냥이 있기도 했지만 오랜 기간 일정한 규칙과 방향으로 진행됐다.

패스트패션이 대세가 된 몇 년 동안 이 흐름과 규칙은 균열이 생기기 시작한다. 컬렉션을 일시에 전 세계로 풀어버리는 이들의 '패션 민주화(?)' 덕분에 시간과 정보의 방향성과 패션의 권력서열은 흐트러지고 하이(High-end)와 로우(Low-end, 혹은 매스 (Mass))의 양극화 사이 중간 지점이 사라진 것. 이에 대한 정확한 분석과 반성 없이 다시 디지털이 대세가 되고 COVID로 이어진 몇 년 동안 패션의 주도권은 일반인에게로 거의 이동됐다 해도 과언이 아니다. SNS의 영향력 때문이다.

인공지능(AI)과 머신러닝 딥러닝 기술이 등장하면서 패션 업계는 패션 트렌드를 예측하고 분석하는 방식의 패러다임 변화를 경험하고 있다. 인공지능은 인스타그램, 핀터레스트와 같은 소셜 미디어와 다양한 쇼핑몰 플랫폼에서 방대한 양의 이미지와 게시물, 베스트셀러 아이템의 컬러와 스타일을 수집·분석해 어떤 스타일이 인기를 얻고 있는지를 파악해준다. 이제 해외 출장을 가지않아도 해외 트렌드 정보회사의 비싼 책과 정보를 사지 않아도 일정한 비용을 지불하면 AI업체들로부터 앉아서 데이터를 제공받을수 있다. 때문에 이제 과거의 공식은 구석기 시대 유물 같은 느낌이 들기도 한다.

하지만 여기에는 큰 맹점이 있다. 이 트렌드의 대부분은 과거, 어제까지의 데이터라는 점이다. 전문가가 아닌 패션피플과 파워블로거, 인플루언서들이 SNS에서 마음대로 해석한 트렌드의 단편을 실어나르고, 이런 디지털상의 내용들이 모여 '빅데이터'가 되고, 다시 트렌드가 되는 무한의 흐름이 이어진다.

극단적으로 표현하자면 내가 구매한 옷과 내가 올린 SNS 정보를 내가 돈 주고 사게 되는 것이 지금의 현실이다. 물론 이런 정보들의 집합이 때로 '집단지성'이 되기도 한다. 많은 AI기업들이 이 데이터들을 근거로 미래를 정확히 예측할 수 있다고 강조한다. 하지만 인플루언서들이 마치 전문가인 양 파워와 권력을 누리면서 트렌드 아닌 정보가 트렌드가 되는 기현상과 함께 어쩌면 트렌드도, 트렌드 전문가도 실종된 시대인지도 모르겠다.

사람의 숨겨진 욕망과 마음을 읽어내야 하는 패션의 본질을 생각할 때 직관에 의한 것, 빅데이터에 의한 것, 둘 중 과연 어떤 게 정답이냐에 대한 질문에 뭐라고 답해야 할까. "과거에는 오답이 없었다, 혹은 빅데이터와 AI에 정답이 있다"라고 말할 수 있을까. 기술이 세상을 지배하는 지금 필요한 것은 이 두 가지의 밸런스 아닐까?

디지털 & 마케팅 우선 시대, 밸런스가 필요하다

브랜드와 디자이너들은 트렌드를 읽고 이번 시즌 무엇에선가 인스피레이션 받아서 소비자가 좋아할 만한 방향을 잡고, 트렌드를 라이프스타일과 연결해 자신의 시즌 기획 방향을 잡아나간다. 트렌드에 대한 고찰이 결국 사람들의 변화(마음의 변화, 라이프스타일의 변화)를 읽는 키로 이어진다. 여기에는 데이터로 읽을 수 없는 날카로운 직관과 통찰이 필요하다. 과연 이런 변화를 빅데이터로 잡아낼 수 있을까.

샤넬이 여성들의 답답한 착장을 니트나 팬츠룩으로 해방시켰다든가, 디올이 세계 2차대전 후에 여성스러움을 강조한 뉴 룩을 발표함으로써 전쟁으로 잃어버린 여성성을 다시 재정의한 것, 이브생로랑이 선사한 스모킹룩, 패션의 이런 역사적 장면들을 기억해보자. 샤넬이 저지를 그냥 만든 게 아니라 당시 여성들의 라이프 스타일 변화를 날카롭게 통찰해서 완성된 것이다.

사회적인 문화 현상을 투영하는 게 패션인데 물론 요즘 같은 시대에 옷이 그냥 옷이지 무슨 문화를 담아내는 도구냐는 사람도 있을 것이다. 대체로 지금은 마케팅 툴이 다양화되고 신기술에 대한 관심과 투자가 늘어나면서 좋은 옷을 기획하고 만드는 고민과, 그 과정에 사용할 시간과 에너지보다, 온라인과 디지털 마케팅에 훨씬 더 많은 돈과 시간, 에너지를 쏟는다.

마케팅이 따라줘야 주목하는 소비자에게 원인이 있을 수도 있다. 하지만 많은 소비자들의 온라인 구매 경험이 반복되면서 퀄리티에 대한 기준이 서고 저가 저퀄리티의 옷에 싫증을 느끼며 점점 더 똑똑해진다. 어느 날 옷장을 살펴보면 잘 만들어진 옷만 남고 나머지는 한 시즌 입고 버리게 된다는 것을 자각하게 된다. 환경 이슈가 모두에게 확산되면서 이런 구매의 기준도 점차 정립된다.

클래식 트렌드, 올드머니룩 등이 괜히 오는 게 아니다. 아무리 Y2K나 맥시멀리즘이 트렌드로 와도 결국은 돌고 돌아 본질과 진정성이 중요하다는 것을 깨닫게 되면서 베이직하지만 단단한 옷이 진실임을 알게 된다. 온라인에서 갑자기 등극한 브랜드들이 화려한 마케팅으로 성공하기도 하지만, 이런 본질을 갖추지 않을 때 진실을 알게 된 고객들이 떠난다. 요즘 온라인에서 엇갈리는 명암이 이를 증명한다.

이런 면에서 시즌의 시작점을 알리는 '프리미에 비종' 같은 소재 컬렉션의 약화, 대량생산과 패스트 패션의 해일 속에 손맛으로 만들어지는 아름다운 소재와 부자재 기업들이 사라져 가는 현실은 매우 안타깝다. 이들이 패션의 훌륭한 인프라였고 이를 통해 전 세계 패션 브랜드들이 인스피레이션을 받고 성장할 수 있었다.

럭셔리 하우스들은 이를 지키기 위해 엄청난 노력을 기울인다. 샤넬은 하드웨어의 약화를 막기 위해 니트 생산업체, 수공예적인 부자재 생산 협력업체들을 인수해 하우스 안으로 끌어들인다. 국내 패션기업 한섬이 과거 유니크한 소재 기업, 홀가먼트 니트업체들에 투자하며 그들을 지키려한 것도 '독점'을 위한 전략과 동시에 본질에 충실하기 위해서였다.

패션산업의 고도화와 기술도입의 한편에서 자본과 역량을 가진 럭셔리 기업들이 자신의 하우스를 유지하기 위한 이런 노력들은 더 늘어날 전망이다. 하지만 이런 자본을 갖지 않거나 사라져가는 것의 가치를 잘 모르는 패션기업들은 무엇으로 자신의 유니크함과 차별화를 표현할 것인가?

트렌드유니온의 전 대표이자 패션구루인 리에델코르트*가 2015년 발표한 〈안티패션 선언문(ANTI- FASHION, 향후 10년을 위한 성명서)〉은 지금 읽어봐도 큰 울림을 준다. 당시 그는 패션시스템이 시대에 뒤처진 이유를 교육, 물질화, 제조업, 디자이너, 마케팅, 신제품 공개, 광고, 언론 및 블로그, 소매업, 소비자들, 인간에 대한 모든 것 등 10가지 항목으로 조목조목 밝혔다.

그는 결국 미래에 남을 패션은 핸드크래프트, 즉 '손맛'이라고 결론 내렸고, 현재 이를 실천하기 위해 패션 지속 가능성 운동가로서 제3세계 생산자들을 돕는 비영리 인도주의 단체인 'Heartwear'에 참여하고 있다. 10년 전 그의 주장이 지금도 유효해 보이지만, 예단하기는 어렵다. 이미 많은 인프라가 사라진 지금, 솔루션을 찾기란 쉽지 않은 듯하지만, 그럼에도 불구하고 이 진지함에 다시 눈을 돌리는 패션 브랜드가 늘고 있다는 것은 우리에게 희망을 준다.

---

* **리 에델코르트(Li Edelkoort)** : 파리에 본사를 둔 트렌드유니온(TrendUnion)의 전 대표이자 트렌드 예측가. 2015년 그가 발표한 '안티 패션 선언'은 패션 업계가 겪고 있는 변화와 파동을 일깨워 줘서 화제가 됐다. 《타임(TIME)》지와 《BOF(Business of Fashion)》가 선정하는 패션계 가장 영향력 있는 인물 중 한 명으로 이름을 올렸다.

패션과 사랑에 빠진
인재가 필요한 시대

"패션(Fashion)은 패션(Passion)이다?"

"우리 때는 패션에 미친 패션업 종사자들이 정말 많았어요.
몇 달치 월급으로 샤넬 재킷 혹은 프라다 양복 한 벌을 사 입
고 만원 버스 타고 다니면서 옆 사람이 닿을세라 몸을 움츠렸
던 기억, 몇 달을 고민하다 명품 가방을 사서 들고(모시고) 다니
다 비가 오면 안고 뛰던 기억, 명품 구두 신은 날 걷는 게 아까
워 택시를 타던 기억…, 패션이 사랑과 흠모의 대상이었던 과거
에 패션 업계에서 일하는 사람들 사이에는 아주 흔한 일들인데
요즘 젊은이들에게는 너무 오버하는 장면으로 비치겠죠??"

- 전 패션 대기업 임원

"옛날에는 디자이너들이 옷 사느라고 월급을 다 썼고 퇴사할 때 보면 그동안 번 돈이 옷장과 신발장에 다 있었잖아요. 요즘 디자이너들은 동대문에서 옷 사 입고 월급은 재테크한다고 하니 격세지감을 느끼죠."

- 패션 정보회사 대표

"예전에 샤트렌(지금은 사라진 여성복 기업 논노의 대표 브랜드, 현재는 패션그룹 형지 소유) 디자이너들은 한여름에 겨울 상품 기획할 때 새벽에 털코트 입고 뛰쳐나온다는 우스갯소리도 있어요. 그때는 기획할 때 심하게 몰입해서 일하는 경향이 좀 과했던 것 같아요. 같이 밤새며 준비하던 상품기획 결과가 좋거나 좋지 않아서 함께 울고 웃던 디자인실의 열정은 패션 업계를 정말 활기차게 만들었죠."

- 전 패션 회사 디렉터

"잘 나가는 브랜드가 새로운 매장을 오픈하면 누구나 가보는 것이 상례였어요. 한섬, 데코, 대하(네티션닷컴의 전신) 등 리딩 기업들이 브랜드를 론칭하면 모두가 궁금해서 미치는 거죠. 설사 경쟁 브랜드라 하더라도요. 지금은 딱히 궁금해하지도 않지만 궁금하면 검색하잖아요. 요즘은 시장조사도 그렇고 특별한 명품 팝업이나 이벤트가 아닌 이상 매장을 가보는 일이 점점 드문 일이 돼가고 있죠."

- 전 패션회사 디렉터

"업계 자체가 거대한 에너지 덩어리였던 것 같아요. 경쟁이 치열하고 질투심도 많았지만, 패션업 종사자들끼리 서로의 제품을 응원하고 팔아주는 일도 많았고 옆에 좋은 브랜드가 출현하면 세세히 뜯어봤고 좋으면 기꺼이 그 옷을 샀어요. 무엇보다 옷을 좋아하고 열정으로 옷을 판매했지요. 패션을 누리는 일 자체가 모두에게 큰 즐거움이었어요. 만드는 사람도 파는 사람도 사는 사람도 에너지로 넘쳤던 것 같아요."

- 전 패션 브랜드 샵마스터

"신세계 롯데 현대 갤러리아 백화점의 MD개편은 업계에 큰 축제였죠. 어느 브랜드가 선택되고 누구 옆에 자리가 정해졌는지, 어떤 디자이너가 기획한 브랜드가 어떤 상품과 인테리어로 모습을 드러내는지, 기업과 브랜드, 디자인 디렉터의 실력이 만천하에 공개되고 서로의 점수를 매기고, 오픈 첫날 얼마를 팔았는지는 실력의 바로미터였죠. 그것을 확인하느라 MD개편이 공개되는 날이면 전 업계 사람들이 백화점에서 어깨를 부딪치며 인사를 하고 다녔어요."

- 패션기업 임원

"디자이너들은 연봉을 많이 받았어도 돈을 모으지 못하고 옷과 백, 구두 사는 데 탕진(?)하고 다른 데는 아예 관심이 없었지요. 미래에 대한 걱정 조차도…. 옷 잘 만드는 거 외에는 할 줄 아는 게 없고 심지어 놀 줄도 몰랐어요. 그럼에도 패션 업계에서 일하는 것 자체를 자랑스러워했죠. 언제부터인가 패션기업의 디자이너들이 공무원화돼가는 경향이 많은 것 같아 안타까워요."

- 패션기업 임원

"예전에 디자인실은 평일에 야근을 밥 먹듯이 하고 주말에는 늘 시장조사를 했어요. 월요일 회의에 참석하려면 매출 비중이 가장 큰 주말, 경쟁사들이 무엇을 잘 팔고 어떤 신상이 나왔는지 알아야 했으니까요. 그게 너무 자연스러워서 주말에 일한다는 의식 자체가 없었던 것 같아요. 시장조사조차도 쇼핑이 동반되는 즐거움이었어요. 요즘은 상상하기 어려운 일이지요."

- 패션기업 디자인실장

"밤늦게까지 일하고 퇴근하면 클럽 가서 같이 노는 것도 흔한 일이었어요. 지금은 이렇게 하면 큰일 나죠(^^). 옳고 그름을 떠나서 디자인실은 몸과 마음이 같이 움직여야(공감) 팀워

크의 완성도가 오른다는 (실장님) 논리였어요. 이런 요구(알고
보면 강요)를 내심 원치 않아도 받아들이는 디자이너들이 대
부분이었어요. 모두가 실장을 꿈꿨으니까요."

- 전 패션기업 디자이너

"소비자들도 브랜드 충성도가 높았어요. 어떤 디자이너, 브
랜드 옷은 무조건 사 입고 열광적으로 반응했죠. 세일을 기다
리지 않고 오픈 초기 신상이 깔리면 바로 옷을 사는 고객도 많
았어요. 지금은 SNS를 통해 팬덤을 형성하지만 과거 그런 게
없던 시절에도 브랜드에 대한 소비자들의 충성도는 매우 높았
고, 이런 소비자들의 욕망을 읽어내고 불러일으키고 또 반응
하면서 패션업이 활기차게 살아있었던 것 같아요."

- 패션기업 대표

사람도 업계도 에너지와 끼, 열정이 넘치던 패션업

사실 너무 까마득하게 느껴지는 이야기들이다. '과거는 옳다'
는 얘기를 하려는 것은 절대 아니다. 2000년대까지만 해도 한
시즌에 100개 넘는 브랜드가 론칭될 정도로 패션 업계는 성장기
를 구가했고, 열정만으로도 이 업계는 에너지로 넘쳤다.

패션업에서 열정이 중시되던 시대에는 감성적인 패션피플들
이 시장을 주도했다. 주로 디자이너, 디자인 디렉터 등 기획자들

이 패션기업과 브랜드의 중심이었다. 미친 끼와 개성 넘치는 디자이너들이 실력을 발휘했고 패션기업 오너들과 CEO들은 이들이 실력을 잘 발휘할 수 있게 관리하는 것이 중책이었다. 곧 감성 관리를 얼마나 잘하느냐가 패션업의 성공을 좌우했다.

그렇다고 열정이 정답이라고 얘기할 수는 없다. '패션=열정, 혹은 감성'이라면 그 시대 열정으로 불타던 리딩 브랜드들이 지금도 존재하고 있어야 한다. 이들이 대부분 사라지거나 대기업에 인수됐다는 것은 그것이 정답이 아니라는 증거다.

"패션(Fashion)은 비즈니스(Business)다?"

한때 이 등식이 성립했던 시기도 있다. 대기업이 패션업계를 리드하던 시기다. 끼보다는 공부 잘하는 사람으로 조직된 대기업은 패션비즈니스에서 절대 성공할 수 없다는 것이 오래동안의 통념이었다. 하지만 2000년대 중반 이후 시스템과 머천다이징이 중요해지면서 패션업의 중심은 자본과 조직을 가진 대기업으로 넘어간다.

자신의 약점을 보완해줄 전문 인력을 열심히 스카우트하면서 전문기업의 장점에 비즈니스 감각을 가미해 업계에 새로운 판도를 만들던 시기다. 숫자와 관리가 감성과 열정을 앞지르고 패션 인재의 요건이 관리력이 되던 시절, 잠시 이것이 정답이라고 믿었다. 하지만 이것이 진짜 정답이라면 대기업의 패션이 지금 엄청나게 성공해 있어야 맞다.

감성을 계수화하겠다던 삼성과 LF(LG패션)가 지금쯤이면 글로벌한 패션기업이 돼 있어야 마땅하다. 하지만 이들은 글로벌은 커녕 여전히 해외브랜드 수입에 골몰하고 있다. 때문에 역시 이 말은 맞기도 하지만 틀리기도 하다.

디지털 플랫폼이 유통을 지배하는 지금은 패션을 비즈니스로 보는 시각이 훨씬 더 우세하다. 디지털 도구와 빅데이터로 무장된 신흥 패션 기업들은 확실히 비즈니스적인 장점을 갖고 있다. 이들은 단정할 수는 없지만 예전에 비해서는 패션 자체에 대한 관심보다는 패션은 도구일뿐 비즈니스에 더 관심이 많아 보인다.

패션업에 종사하는 사람들의 면면도 과거에는 패션에 '미친(狂)' 오타쿠적인 인재들의 비중이 컸고, 특히 디자인실이나 MD 등의 직종에서는 그런 경우가 대부분이었다. 또 그런 사람들을 중심으로 인재를 선발할 수 있을 정도로 패션 전공자들이 매년 쏟아져나왔고 실력도 좋았다. 패션산업은 계속 성장하고 있었고 산업이 갖는 미래의 비전도 밝았기 때문이다.

패션 비즈니스, 이성과 감성의 조합체이자 밸런스

이는 당시 삶의 수준에서 패션산업이 차지하는 비중이 크고 중요했다는 의미다. 사람들이 스타일을 표현할 때 패션이 가장 중요한 도구였기 때문이다. 하지만 지금 패션업은 성숙기를 지나 정체의 단계다. 시장규모는 아직 유지하고 있지만, 그것은 유통(플랫폼)의 파워인 것이지 업계 자체가 성장하고 있지는 못하다. 트렌드 리더로서의 위상도 약화됐고 전공자의 숫자도 현격히 줄고 있으며 기업들은 신입사원을 거의 채용하지 않는다. 인구수도 줄고 있으며 이는 소비자가 줄고 있다는 의미다.

패션만이 아니라 의식주를 아우르는 라이프 스타일이 중요해지고 그것도 개인의 취향 중심으로 시장이 잘게 잘게 파편화되는 추세다. 이제 패션산업은 업의 개념을 바꿔야 하는 시점에 와 있다.

이런 상황 속에 이 업에 종사하는 인재의 요건은 무엇일까. 과거 업계가 소비자를 리드할 때는 한 명의 창조적 감성이 매출을 만들어내고 시장을 창출하고 소비자들을 리드할 수 있었다. 이때는 패션에 미친 열정과 창조성이 가장 중요한 요건이었다. 점차 산업이 성장하고 경쟁이 치열해질 때, 인재의 요건은 숫자와 관리였다. 아무리 아름다운 디자인을 뽑아내도 적기에 적당한 가격으로 잘 생산해 적정한 물량을 배분하지 못하면 그 디자인은 히트하지 못하고 재고만 쌓일 뿐 이익도 남기지 못한다.

그럼 지금의 정답은 무엇일까. '세상에서 가장 편한 신발'이라는 닉네임에 친환경이라는 시대정신까지 장착해 유니콘 기업으로 성장했던 '올버즈'의 추락, '급진적 투명성'을 앞세운 패션철학과 새로운 비즈니스 모델로 주목받은 '에버레인'이 흔들리면서 초기만 못한 것은 패션에 대한 초심과 열정이 사라지고 비즈니스만 남았기 때문 아닐까.

패션과 팬덤의 뉴 모델을 제시한 '스타일난다'의 화려한 성공 스토리는 로레알에 매각되는 것으로 결론났으나, 이후 창업자는 떠나고 비즈니스만 남은 해당 브랜드의 후속 이야기는 들려오지 않는다. 패션 팬덤 비즈니스의 또 다른 성공사례로 유명한 '마땡킴'은 대명그룹 산하의 브랜드 인큐베이터 하고하우스와 만나 인프라를 보완하고 오프라인 매장을 확장하며 급성장했다. 창업자가 브랜드를 떠난 이후에도 계속 성장하고 있으며 글로벌 확장도 왕성하게 이뤄지고 있다. 시험대에 올라있는 브랜드의 미래는 현재진행형이다.

지금은 트렌드보다 데이터가 더 중요해진 디지털 시대, 시스템으로 돈을 만들어내는 시대라 하지만, 정말 중요한 패션의 본질은 패션 그 자체에 있다. 이제 관리력이나 데이터는 도구의 사용을 통해 누구나 잘할 수 있기 때문이다.

하지만 요즘 잘 나가는 온라인 플랫폼들이 단지 패션을 비즈니스의 대상으로만 여기다 보니 패션에 대한 이해 없이 너무 마케팅만 앞세우고 있어 안타깝다. 반대로 엄청난 사랑과 열정으로 작업하는 스몰 브랜드, 디자이너 브랜드들에게는 비즈니스가 없다. 이들은 오래가지 못하거나 아주 작은 규모에 머물러 힘겨운 무한의 쳇바퀴를 돌려야 한다. 결국 패션은 열정과 사랑, 시스템과 비즈니스가 결합된 중간지점에 있어야 하지 않을까.

감각산업 게임체인저=민감한 더듬이+자부심 충만

패션은 'Passion'이다.
패션은 '비즈니스'다.

이 두 가지 논제의 결론을 내려야 할 때다. 과거 패션이 열정이라고 생각했던 시대에는 패션에 너무 몰입하느라 비즈니스적인 관점을 간과하고 열심히 옷만 만들거나 근시안적인 유행에 좌우돼서 사라져버린 브랜드가 많다. 디렉터 위주로 운영되다 보니 사람에 너무 휘둘리기도 했다. 과거 한국 패션의 모습이다.

지금은 디지털과 IT 산업이 패션 비즈니스 안으로 들어오고 온라인 플랫폼이 중요해지면서 감성보다는 도구를 가진 자(기업)가 더 우위에 등극하게 됐다. 이제 반대로 사랑과 열정이 빠져버린 패션에 데이터와 비즈니스적인 측면만 강조된다. 물론 신생 패션기업들이 탁월한 성과를 내고 있기도 하나 영혼이 빠진 패션은 미래를 담보하지 못한다. 패션업의 본질은 창의성을 바탕으로 한 패션의 기본기에 시스템을 추가해 진화해야 한다는 것이다.

결국 패션업은 이 두 가지가 공존할 때 성공할 수 있는데, 이를 연결하는 것은 사람이다. 밸류 체인이 긴 패션업은 시작점의 열정이 마지막 단계까지 이어져 매장(혹은 플랫폼)을 거쳐 소비자에게까지 전달되는 긴 여정이 필요하다. 이 여정의 구간 구간마다 단절과 왜곡의 소지가 도처에 도사리는 아주 섬세한 업이다. 결국 그 구간을 패션에 매료되고 패션업을 사랑하는 사람들이 단절 없이 채워줘야 비로소 완성되는 것이다. 패션과 사랑에 빠진 인재들이 촘촘하게 연결돼 이 비즈니스를 풀어낼 때 기획에서 생산 판매에 이르는 전 과정은 비로소 살아 움직이는 유기체가 된다.

이를 위해 패션뿐 아니라 감각 산업에 종사하는 사람의 경우 민감한 더듬이가 필수다. 이 민감함이라는 것은 일과 일상을 무 자르듯이 구분할 때 유지되기는 힘들다. 24시간, 심지어 꿈속에서도 민감하게 살아있어야 어떤 작은 자극이 왔을 때 그에 예민하게 반응하고 그 자극이 의미하는 바를 생생하게 알아챌 수 있다. 그래야 그것이 디자인의 영감으로 연결되고 더 좋은 소재와 완성도 높은 제품이 되는 것이다.

직종마다 직군마다 차이가 있겠지만, 적어도 감각 산업에서 뭔가 자신의 세계를 만들겠다고 결심한 사람이라면 일과 일상의 구분 없이 일을 즐기며, 휴식할 때도 민감함을 유지하는 그런 사람이 게임체인저가 될 수 있지 않을까. 모든 직종이 그럴 필요는 없겠지만 최소 크리에이티브한 직종을 선택한다면 대체불가의 감각적 예민함과 충만한 자부심이 없이는 성공할 수 없다고 감히 말하고 싶다.

한 가지 더 첨언한다면, 모든 업이 기존의 개념을 깨고 새롭게 변화하는 요즘, 창의성의 본질은 크리에이티브 자체이기도 하지만 여기에 경험과 지식을 연결하는 것이다. 하늘 아래 존재하지 않는 전혀 새로운 것을 만들어내기보다는, 기존의 것들을 어떻게 연결하고 새롭게 조합하느냐가 더 중요하다. 때문에 열린 마음과 소비자의 마음을 읽어내는 안목, 선배들의 노하우와 후배들의 감각을 잘 버무리는 조합의 능력도 필요한 역량이다.

유행보다
철학을 담아내는 브랜드

"당신의 브랜드 철학이 무엇입니까?"라는 질문에 자신 있게 대답하는 국내 브랜드, 디자이너를 만나본 적이 거의 없다. 아니 표현을 다시 해야겠다. 이런 질문은 패션잡지 속 외국 디자이너의 인터뷰에서나 등장하는 내용이다. 그만큼 국내 패션 업계에서 '철학'이라는 단어는 과하게 진지하고 부담스러운 것으로 느껴져 이런 질문을 받으면 대부분 쑥스럽거나 불편해한다.

지극히 사적인 취향의 영역인 패션에 굳이 '철학'이라는 것이 필요할까 반문하는 사람도 있다. 사전적으로 철학의 영어 단어 '필로소피(philosophy)는 필로스(Philos, 사랑하다)와 소피아(Sophia, 지혜)라는 두 단어의 합성어로 '지혜에 대한 사랑'을 뜻한다. 사랑하고 흠모해야 할 세계관, 가치관 정도로 해석하면 될 것 같다.

국내 패션 기업들에게 익숙한 단어는 철학보다는 오히려 '콘셉트'이다. 보통 브랜드 콘셉트를 물어보면 대체로 모던, 엘레강스, 로맨틱, 럭셔리, 타임리스, 영테이스트, 브리티시 같은 형용사 혹은 명사, '30대 전문직 여성들을 위한' 같은 고객 타깃, 스트리트웨어, 여성 캐주얼, 세미포멀, 위켄드캐주얼과 같은 복종(服種)에 가까운 단어들이 나열되곤 한다.

하지만 유행이 바뀌면 브랜드가 초기에 잡았던 콘셉트는 바뀌고 때로 이런 작업은 '리뉴얼'이라는 단어로 종종 포장된다. 리뉴얼에 따라 콘셉트뿐만이 아니라 아예 복종이 바뀌는 경우도 적지 않다. 트렌드(유행)와 콘셉트, 철학을 구분하지 않고 성장해온 국내 패션의 단면이다. 유행에 따라 콘셉트는 바뀔 수 있지만 변하지 않는 것이 철학이라는 개념의 부재 때문이다.

알고 보면 콘셉트 역시 원래 의미는 철학에 가까운 것인데 국내 패션 업계의 통념상 훨씬 이미지화된 것으로, 브랜드 아이덴티티, DNA, 브랜드 스토리라는 말들과 함께 혼용된다. 이런 단어들을 모두 분리해 생각할 필요는 없지만, 철학이 좀 더 근원적이고 정신적인 토대를, 그리고 이를 이미지화해서 표현한 것이 콘셉트라고 보면 될 것 같다.

지난 30년, 길게는 50년 한국 패션 역사상 브랜드 철학을 잘 담고 있는 브랜드는 무엇일까? 국내 대표급 브랜드들의 홈페이지를 찾아보면 '타임'은 '시크한 감성을 바탕으로 시대를 앞서가는 여성의 라이프스타일을 지향한다', '구호'는 '건축적인 미학과 구조를 패션으로 재해석한, 건축을 닮은 컨템퍼러리 브랜드', '르베이지'는 '한국적인 아름다움을 시대적 감성으로 재해석한 프리미엄 라이프스타일 브랜드' 등으로 설명한다.

남성복, 여성복, 스포츠, 캐주얼, 디자이너 분야를 막론하고 대체로 브랜드 소개난에 약간의 설명이 있거나 연혁이 긴 브랜드 경우 히스토리로 콘셉트를 대신해 놓았다. 77년 론칭 후 거의 유일무이하게 잘(?) 살아남은 최장수 여성복 브랜드 톰보이(현 스튜디오톰보이)조차 공개해놓은 브랜드 소개가 빈약하거나, 찾기도 어렵게 S.I.빌리지(톰보이 보유사 '신세계인터내셔날'의 온라인 쇼핑몰)로 넘어가 버린다.

외국 브랜드를 카피한 과장된 '역사성'과 '유럽으로부터의 오리진'을 장황하게 설명해놓거나, 없는 히스토리를 억지로(?) 만들어놓는 경우도 적지 않다. 최근 디지털화가 급격하게 진행되면서 모든 브랜드의 홈페이지에는 예외 없이 이커머스(e-commerce) 기능이 붙었고 웹사이트의 자사몰화, 온라인 쇼핑몰화가 급진전되면서 브랜드에 대한 설명보다는 판매를 위한 공간으로 완전히 탈바꿈했다.

미샤, 아이잗바바, 모조에스핀 등 국내 여성복을 대표하는 브랜드의 웹사이트에도 철학이나 콘셉트는 보이지 않고 그저 하단

귀퉁이 'about' 항목에 간단한 설명이 있을 뿐이다. 이런 현상은 국내뿐만이 아니라 전 세계 브랜드에서 거의 예외가 없어 보인다.

유럽 패션의 그림자를 쫓아 달려온 역사 속 철학 부재

이쯤에서 왜 우리나라 브랜드에는 '철학'이라는 것이 없을까 하는 의문이 생긴다. 왜일까? 그것은 아마도 유럽패션 브랜드들의 그림자를 열심히 쫓아 달려온 국내 패션 역사에 첫 번째 원인이 있을 것이고, 두 번째는 선택의 여지가 없는 백화점 중심의 국내 유통구조일 것이다. 브랜드의 출발이 근원적 고민 보다는 백화점의 구획 위에서 출발하는 경우가 많았기 때문이다. 또 한 가지를 들자면 패션 도입기 국내 기업들이 일본 패션업계가 이미 만들어놓은 틀을 이용하는 경우가 적지 않았던 영향도 있었을 것이다.

군이 변명하자면, 우리가 철학이 없어서라기보다는 브랜드를 만들기 시작한 시점부터 뿌리보다 표피 중심으로 정형화된 틀 속에 갇혀 있었고, 그것이 오랜 관행으로 굳어졌기 때문이 아닐까. 하지만 우리가 알고 있는 수많은 글로벌 패션 브랜드들은 뿌리 깊은 철학의 기반 위에 만들어져 이후의 모든 브랜딩 정책과 제품기획, 마케팅 등 모든 의사결정을 이에 의거해 한다.

'브랜드 철학' 하면 단골로 등장하는 '파타고니아'의 가장 중요한 핵심은 자연사랑, 자연보호다. 시작도 끝도 '자연'인 파타고니아는 지속 가능한 원단 사용과 내구성 높은 제품, 최고 품질, 소비절제, 그린마케팅, 성장주의 지양 등 브랜딩과 마케팅의 방향성은 물론 직원들의 행동 양식까지 그 개념 아래 일관되게 풀어간다. 오히려 "우리 제품을 사지 말라"라고 외치는 파타고니아를 사랑할 수밖에 없는 것은 소비자들이 만나는 모든 여정에 이 철학이 녹아있기 때문이다.

스텔라 맥카트니는 2001년 출발 이래 일찍부터 표방해온 자신의 지속 가능한 패션 철학을 실천해온 선구자다. 지금은 이 이슈가 매우 일반화됐지만, 동물 가죽과 퍼를 사용하지 않고 F/W 상품을 기획하고 백&슈즈를 판매하는 것은 불가능에 가까운 일이다. 그럼에도 버섯으로 만든 인조 가죽, 친환경 비건 가죽을 사용한 옷과 핸드백 등을 고집해왔다.

93년 론칭 이후 버려진 천막, 자동차 안전벨트, 화물차 방수포 등을 가방으로 재활용하는 스위스의 '프라이탁', 핸드메이드, 친환경, 동물실험 반대, 인권 향상, 공정 무역, 차별 없는 브랜드를 지향하는 '러쉬' 역시 고집스러운 철학을 이어가는 대표적인 브랜드다.

2022년 탄생한 신생 '어나더 투모로우(Another Tomorrow)'는 지속 가능성을 추구하는 미니멀 패션 브랜드로 주목할 만하다. 창업자 바네사 바보니 할릭은 패션업의 충격적인 현실을 알게 된 뒤 세상을 바꿀 수 있다는 신념을 담아 브랜드를 론칭한다. 생산 전 과정에 걸쳐 이 철학은 '환경과 인간, 동물 복지' 3가지에 초점을 맞춰 이뤄진다. 모든 제품에는 고유 디지털 ID가 태그돼 제작 과정을 공개하고 자체 인증을 거친 재판매 플랫폼도 보유하고 있다. 패션 브랜드로서의 감각과 디자인 또한 놓치지 않는다.

그렇다고 친환경만이 패션 철학을 대표하는 것은 아니다. '물이 잘 빠지는 가벼운 신발'을 만들어온 크록스는 못생긴 신발이라는 놀림에도 불구하고 아예 이것을 정체성으로 '못생겼지만 편한 신발'이라는 뚝심 있는 철학으로 남녀노소 소비자에게 사랑받는다. 상표 없는 좋은 품질의 제품을 뜻하는 무인양품의 콘셉트는 비어있음으로 인해 무엇이든 담아낼 수 있는 철학에 기반을 둔다. 때문에 실용적이고 간결한 디자인, 내구성과 견고함, 필요한 요소를 최소화하고 불필요한 장식과 과도한 기능을 배제한다.

브랜드 철학이라는 게 엄청 심각하고 진지한 것, 지속 가능만을 의미하는 것은 아니다. '해피 피플, 해피 플래닛'이라는 모토를 내세우는 네덜란드의 '오일릴리'는 행복의 개념을 아름다운 컬러 코디에서부터 가족, 지구사랑으로까지 다양하게 풀어간다.

뮤지션과 패션디자이너가 만나 음악과 패션을 결합한다는 의미로 탄생한 '메종키츠네'는 20년이 지난 지금도 여전히 좋은 아티스트들을 발굴해 그들이 노래를 만들고 콘서트를 하게 하는 레이블의 역할을 수행한다. 지금은 CD나 LP보다는 스트리밍 서비스(Kitsune Hot Stream)로 담아냄으로써 초기의 철학을 이어가고 있다.

뿌리를 찾는 젠틀몬스터, 아더에러, 카네이테이, 로우로우

과거의 국내 브랜드들이 살아남기 위해 유행에 급급했던 데 비해, 요즘 브랜드들은 훨씬 세련된 철학으로 글로벌 못지않은 브랜딩을 구사한다는 면에서 참으로 반갑다. 처음부터 글로벌에 자신을 열어놓고 시작하는 환경에 실력까지 갖춘 브랜드들도 적지 않다.

"세상을 놀라게 하라"라는 독특한 철학을 지닌 젠틀몬스터는 감히 상상도 할 수 없을 규모의 자금과 쇼킹한 스케일의 아이디어를 매장에 구현해 바이럴의 성지를 만들었고 글로벌 진출의 초석을 마련했다. 홍콩, 런던, 뉴욕 등 해외 대도시 중심가에 직접 투자를 이어나가는 공격적인 행보도 용감하다. 이런 철학의 중심에는 품질과 디자인력이라는 단단한 토대가 뒷받침돼 있다.

패션을 기반으로 한 문화 커뮤니케이션 브랜드이며 비밀주의를 고수하는 '아더에러'는 'but near missed things'라는 브랜드 슬로건, 철학을 바탕으로 사람들이 일상에서 쉽게 놓치고 있는 것들을 익숙하지만 낯설고, 새롭게 느낄 수 있도록 표현하는 활동에 집중한다. 사진, 영상, 공간, 디자인, 예술, 가구 등 콘텐츠를 자신만의 방식으로 재편집해 새로운 문화를 제안한다. 재미있는 공간 제안과 콜라보레이션, 카페 등의 힙한 방식으로 젊은 이들을 팬으로 만들고 해외에서도 주목하는 브랜드로 성장했다.

네오프렌 소재를 사용, 제로웨이스트를 실천하는 디자이너 임선옥의 '파츠파츠'는 의류 생산과정의 과도한 자원 낭비를 최소화한다. 이 브랜드의 폐기물 제로 설계는 레고블록과 유사한 방식의 패턴을 디자인함으로써 각 부품(PART)이 완벽하게 들어맞도록 해서 원단 낭비를 없애는 것이다. 자신의 철학을 일관되게 유지하려는 세심한 계획과 실행 덕분이다.

로우로우는 '날것'을 뜻하는 'Raw'와 '열'을 뜻하는 'Row'의 합성어로 본질의 반복이라는 브랜드 철학을 담고 있다. 디자인을 날것으로 해석해 쓰임새와 모양새로 구분하고 그중 쓰임새에 우선순위를 둔다. 모양새는 취향의 영역이라 쓰임새의 도구가 돼야 한다는 철학으로, 제품의 본질에 대한 성찰로 탄생한 백팩(R 백), 안경(R EYE), 캐리어(R TRUNK)는 소비자들에게 어필해 모두 히트를 기록했다.

버려지는 군용텐트를 이용한 업사이클링 패션잡화를 만들어 온 '카네이테이'도 이 디자인 철학을 꿋꿋이 지켜나가는 브랜드 중 하나다. 2018년 출현한 '플리츠마마'의 핸드백은 페트병으로

부터 추출한 친환경 원사를 사용한 제품이 상용화될 수 있음을 증명함으로써 많은 브랜드들에 영향을 미친 케이스다.

서울 성수동 편집숍 '모노하(MO-NO-HA)'의 경우 여백의 미, 단순함의 깊이를 추구하는 라이프스타일 브랜드다. 패션 디자이너 출신이자 문화 공간 '알로 페이퍼 가든'을 기획한 크리에이티브 디렉터가 쌓아온 경험과 안목을 바탕으로, 자신의 취향을 담은 물건을 엄선해 소개한다. 미니멀하고 심플하면서 한국적인 것과 요즘 시대의 트렌드를 잘 믹스했고 공간에 대한 감각도 상당히 수준 높다.

요즘은 유행만 추구하는 브랜드보다는 철학을 가지고 있는 브랜드를 사랑하는 소비자들이 늘고 있다. 이들은 브랜드를 단순히 제품만으로 생각하는 게 아니라 브랜드의 철학을 입고 듦으로써 그것을 공유한다고 생각하기 때문이다.

나라와 세대, 시대를 초월해 오래동안 사랑받는 브랜드가 이를 증명한다. 다시 말해 한때 사랑받았지만 지금 사라진 수많은 브랜드들이 철학이라는 토대 보다 유행과 트렌드에 좌우됐다는 것을 부정할 수 없다. 이런 브랜드는 유행이 바뀌면 갈 길을 잃고 만다. 브랜드에 유행보다 철학을 담아야 하는 이유는 분명하다.

또한, 이 철학은 말로만 하면 아무 의미가 없고 행동으로 옮겨야 진짜가 된다. 생각과 행동, 겉과 속이 다르면 탁상공론에 불과하다. 소비자는 진짜를 금방 알아본다. 디지털 시대 모든 정보와 데이터가 공개되고 추적되는 시대의 피할 수 없는 현실이다.

자기다움이 곧
글로벌의 시작

폴로 랄프로렌, 폴 스미스, 메종 마르지엘라, 꼼데가르송, 이세이미야케, 사카이….

우리가 '좋은 브랜드'를 떠올릴 때 먼저 생각나는 브랜드들의 공통점은 이들 각자가 갖는 유니크함이다. 수많은 브랜드들 사이에서 각자의 이름을 상상할 때 연상되는 그 선명한 이미지가 바로 이들의 정체성이자 각 브랜드의 '자기다움'이며 타 브랜드와 구별되는 '고유의 차별성'이다.

자신만의 철학의 토대가 단단히 섰다면 이제 그 위에 자기다움의 오리지널리티를 얹어야 한다. 철학이 내면의 기반이라면 자기다움이 입혀질 때 비로소 브랜드로서의 외양을 갖추게 된다. 다른 브랜드와 구별되면서 그 브랜드만이 갖는 대체 불가능한 매력, 그래서 자기다움은 브랜드가 되는 첫 시작이자 가장 중요한 요소다.

사람의 자기다움이 말하고(언어) 행동하고 차려입고(스타일) 생각하고 의사결정 하는 모든 과정을 통해 표현된다면, 패션 브랜드의 자기다움은 콘셉트, 상품, 공간, 문화, 스토리, 마케팅 등 브랜드의 전 과정에서 표현된다.

사람의 자기다움, 곧 개성은 청소년기와 성장기를 거쳐 정립된다. '질풍노도의 시기' 사춘기를 지나며 육체적, 정신적 불안정과 열등감, 낮은 자존감 등 성장통을 겪고 이런 혼란기를 지나 점차 자기 정체성이 확립돼 간다. 자신을 자각하고 자존감이 정립되면서 자신의 독특성에 대해 깨달아가는 것, 자기를 발견하고 '인정'하며 자아를 형성해가는 과정이다. 이렇게해서 사람은 타인과의 비교나 타인에 대한 의존보다는 자기독립성을 추구하는 성인이 된다.

한국 패션을 사람에 비유하자면 80~90년대는 청소년기, 2000년대는 성장기로 볼 수 있다. 그러면 지금쯤 한국 패션은 성인으로서의 정체성이 확립된 성숙기에 도달해있어야 옳다. 하지만 우리 세대는 열심히 달려오긴 했으나 솔직히 자기다움으로부터 비롯되는 자기 정체성보다는 따라쟁이였음을 고백한다.

수출 OEM으로 시작된 한국 패션산업은(초기에 섬유산업) 우리보다 먼저 유럽의 패션을 받아들인 일본을 교과서 삼아 시작됐다. 이후 어느 순간부터는 유럽을 바라보며 '그들을 닮기' 위해 치열하게 달려갔다. 게다가 그 시대가 가진 장점은 아무도 우리를 주목하거나 경계하지 않았기 때문에 별문제가 없었다. 시장은 커지고 있었고 우리들끼리의 경쟁이었으니까.

시간과 역사성은 뛰어넘을 수 없는 것이기에 시선은 명품에 두고, 콘셉트는 컨템퍼러리 브랜드에서, 트렌드는 해외 패션 컬렉션에서, 봉제 방식은 해외 제품 샘플링에서 참고했다. 유니크한 자기다움으로 장르를 만들고 새로운 영역을 개척해가기보다는 '벤치마킹'이라는 이름으로 기존에 누군가가 파놓았던 영역을 따라 달렸다.

유럽 명품과 컨템포러리, 해외 컬렉션, 샘플 벤치마킹

그 결과 한국패션의 실력은 세계의 인정을 받을 만큼 좋아졌다. 하지만 전반적인 실력이 좋아졌다 해도 한국을 대표할만한 글로벌 브랜드는 아직 없다. 눈물 젖은 시간과의 싸움에서 순전히 자력으로 세계의 인정을 받은 유일한 디자이너 우영미, 현재 그 과정에 있는 준지(JUUN.J. 정욱준)와 독특한 브랜딩으로 주목받는 젠틀몬스터 외에 몇 개의 신성들, 독일의 브랜드 오너십을 확보해 글로벌 브랜드 대열에서 달리고 있는 MCM 정도.

패션 대기업 삼성, LF, 코오롱Fnc, 한섬(현대백화점 그룹 계열), SI(신세계인터내셔날[신세계 그룹 계열])를 비롯해 연매출 몇 조에 달하는 중견 기업도 여러 개 출현했지만, 규모에 비해 결과는 참담하다. 단 한개의 글로벌 브랜드도 육성하지 못했기 때문이다. 이것은 내수 시장의 성장의 단맛에만 몸을 맡겨 커왔다는 표면적 이유 외에 글로벌 진출이 어렵거나 세계인의 눈에 띄지 못할 정도로 '자기다움'이 없다는 것을 의미한다.

자금력과 정보력, 조직력 모든 것을 갖고 있는 대기업들이 이를 실현하지 못한 반면, 신예들에게 자기다움의 씨앗이 분명하다는 것은 우리에게 희망을 준다. 특히나 열등감이 사라지고, 나면서부터 '글로벌'에 익숙한 지금의 세대는 그것을 표현하는데도 매우 능숙하다. 인스타그램만 뒤져봐도 유니크한 국내 브랜드를 찾아내는 것은 어렵지 않다.

이들의 오리지널리티는 우리 세대처럼 누군가의 그림자를 따라 달리는 것이 아니라 '트렌드'다 '콘셉트'다 하는 기존 틀을 깨고 오롯이 나 하고 싶은 대로, 내가 좋아하는 것을, 나만의 색깔로 해도 된다는 것에서 출발한다. 이제 그렇게 해도 될 만큼 한국 패션의 기본 체력은 좋아졌다. 어디서 생산하건 웬만큼 좋은 품질도 가능하고 과거에 비해 많이 약화되긴 했지만 동대문이라는 우물도 아직 살아있다.

게다가 서울(한국)은 세계인들이 주목하는 핫플레이스다. 과거에는 글로벌이라는 것이 미국, 프랑스에 진출하는 것이었는데, 지금은 인터넷상에, SNS에 올리기만 하면 된다. 요즘은 전 세계 패션 바이어들이 트레이드쇼에서 바잉하는 대신 인스타그램에서 발굴하는 비중이 늘고 있지 않은가.

때문에 이제는 내수 소비자만을 대상으로 하는 우물 안 개구리가 아니라 글로벌을 대상으로 큰 시장이 열려 있다. 또한, 과거에는 몰개성화돼서 쏠림 현상이 극심했지만, 지금은 테이스트도 관점도 다양해져서 실험적인 것들도 충분히 시장을 형성할 수 있다.

이런 자신감의 배경에는 물론 우리의 경제성장과 높아진 국제적 위상이 있지만, 여기에 기름을 부어준 것은 역시 BTS다. 서사도 스타일도 스스로 만든 BTS 덕분에 어느 날 갑자기 눈 뜨고 보니 'K-컬처'라는 길이 만들어져 있다. 여기에 패션이 묻어가도 충분할 정도로 전 세계는 한국과 서울에 대해 관심을 표한다.

여기에서 방점은 '누구답게'가 아니라 '나답게', 작고 좁아도 날카로운 자신의 장르를 만들어야 한다는 것이다. 카피를 하려다 보면 세상에 있는 것에서 시작한다. 요즘 세상은 없는 것, 새로운 것을 창조해서 시도를 해봐도 충분히 좋은 (넓고 열린) 세상이다. 새로운 시각에서 '하고 싶은 거 다 하면' 오히려 그것이 먹힐 수 있다. 자신만의 색깔을 찾아 시장을 개척하거나 새로운 스타일, 시간과 공간, 이미지, 시스템을 만드는 모든 것이 해당된다.

이런 콘텐츠를 디지털로 옮겨야 하는데, 비슷비슷한 것들이 난무하는 디지털 세상에서는 더더욱 '자기다움'이 확고해야 한다. 또한, 이 자기다움은 근거 없는 혼자만의 자존감이 아니라 글로벌 스탠다드에 입각한 것이어야 한다. 즉 글로벌의 보편성 위에서 우리의 '우리다움'을 인정받는 것이어야 한다는 것이다.

세계가 주목하는 핫플 서울, 너네 하고 싶은 거 다 해!

확고한 자기다움으로 우리에게 희망을 주는 신예(알고 보면 고수)들은 유니크한 스토리텔링과 남다른 경험을 제공해 준다. 2011년 창립된 '바스통'의 상품군은 놀라울 정도로 제한적이다. 4년간의 연구 끝에 개발한 7종의 아우터가 스탠다드 라인으로, 001번부터 007번까지 넘버링 돼 있다. "진실된 마음으로 아름다운 옷을 짓고 집요함으로 완벽한 제품을 만든다"라는 모토로 꼭 필요한 제품만 제안한다. 바스통은 "외형은 패션, 본질은 제조업이며, 제조업의 기본은 품질이라 완벽에 가까운 제품만을 만들겠다"는 철학을 고집한다.

안태옥 디자이너의 스펙테이터는 완성도에 대한 타협하지 않는 고집으로 10년 넘게 멋스러운 캐주얼웨어를 선보이며 탄탄한 팬층을 확보해왔다. 올드패션 콘셉트로 시간이 지나도 꾸준히 사랑받는 빈티지 아카이브에서 영감을 받아 고유의 감각으로 디자인을 재해석한다. 하나의 브랜드를 완성하기 위해 작은 챕터를 차례대로 전개하는 획기적인 방식으로 운영된다.

'이아(EAAH)'는 바이어였던 아내 황혜영과 생산을 책임지는 남편 윤순민 대표가 함께 만들어가는 여성복 브랜드다. 미니멀한 실루엣 속에 현대적 감각과 타 브랜드가 쉽게 따라 할 수 없는 고난도 디테일의 옷으로 일상복의 본질에 집중한 컬렉션을 제안한다. 황 대표가 디자인을, 패션을 전공한 모델리스트(패턴사) 출신 윤 대표가 자신의 회사 비에파를 통해 패턴부터 생산까지 책임지면서 탄탄한 브랜드 기반을 다져왔다.

비에파는 원단 개발, 패턴 제작, 생산, 유통까지 한 공간에서 운영하는 의류 생산 하우스다. 때문에 '이아'는 인하우스 공정시스템으로 독창적인 디자인과 높은 퀄리티, 합리적인 가격에 집중한다. 대표적인 '레어패브릭 프로젝트'는 전 세계에서 기획된 유니크하고 희소성 높은 고품질 원단을 소싱해 필요한 만큼 제작, 과잉생산을 지양하는 이아의 대표 아이템이다.

'119레오(REO)'는 소방관들의 폐방화복을 업사이클링한 제품을 판매하는 브랜드다. 2016년 탄생한 브랜드 네임 '레오(REO)'는 'Rescue Each Other(서로가 서로를 구한다)'라는 의미다. 이 회사의 이승우 대표는 소각될 뻔한 방화복을 새롭게 탄생시키고 암 투병 소방관을 후원하는 활동으로 주목받는다. 방화복 소재의 견고함과 독특한 색상, 디자인에는 소방관들이 사람을 구한 기억과 노고가 고스란히 담겨있다.

1벌 제작 시 100만 원의 비용이 들 정도로 고가인 방화복 소재는 튼튼하고, 활용도가 높은 데다 희소가치도 크다. 연평균 70톤이 버려지는 방화복 소재를 수거해 세탁 후 임가공 작업장에서 분해해 만든 원단이 제품으로 탄생한다.

스펙테이터, 바스통, 이아, 119레오, 이스트오캄…

부부이자 공동 디렉터 손현덕, 김지혜가 2017년 성수동에서 시작한 '이스트오캄'은 리메이크 옷을 만드는 리빌드 브랜드다. 소량제작의 어려움을 경험한 뒤 리메이크로 방향을 튼 이들의 작업물은 One and only로 만들어진다. 기존의 것을 해체하고 재구성해 직접 디자인하고 수작업으로 제작해 세상에 하나밖에 없는 제품을 만들고 소외된 것에 대한 가치를 재창출한다. "I don't like the best, I love the only one"이라는 슬로건에 이 철학이 녹아있다.

손 대표는 매장에서 직접 판매하며 고객들과 친구가 되곤 한다. 손님으로 왔던 영국인과의 인연으로 2019년 쇼디치에서 전시회를 하기도 했다. 작고 단단한 브랜드가 되고 싶다는 이들의 소망이 표현된 편집숍은 바와 카페를 겸하고 일주일에 한 번은 영화를 상영하는 등 작지만 복합 공간으로 운영된다.

2017년 론칭된 '마더그라운드'는 D2C(Direct to Consumer)라는 말이 있기도 전부터 유통단계를 최소화해 자사몰에서만 판매하며 유통수수료 30%를 줄여 제품에 투자하고 투명한 원가를 소비자에게 공개해왔다. 오프라인 판매는 보부상 콘셉트의 '보부스토어'로 고객들을 찾아 나선다. 지금까지 60여 번의 보부스토어와 30여 회의 협업을 진행했다.

2019년 론칭한 핸드백 브랜드 '투티에'는 복고풍의 매력과 아름다움, 숙련된 장인의 터치가 느껴지는 가죽제품이다. 특유의 고급스러움과 우아함, 아날로그 감성이 두드러지는 빈티지한 무드에 클래식한 디자인을 살린 레더 제품을 선보여왔다. 첫 글로벌 진출 지역으로 일본 도쿄를 선정, 오모테산도에서 팝업 스토어를 오픈하기도 했다.

2019년 시작된 컨템포러리 가방 브랜드 '하아카이브(HAH ARCHIVE)'의 '하(Hah)'는 '거룩하고(Holy) 무해함(Harmless)'을 의미한다. 'Holy'는 '다른 것들과 구별되는 나만의 길을 가자', 'Harmless'는 그 길을 갈 때 '흠 없이 나아가자'는 태도를 뜻한다. "이미 완벽한 것을 완벽하게 만드는 것을 결코 멈추지 않는다"라는 모토는 품질과 타협하지 않으며 최고의 가치를 제공하겠다는 선언이기도 하다.

'한아조'의 조한아 대표는 퇴사 후 스스로를 행복하게 해주는 일을 찾다 자신이 좋아하는 색과 모양으로 비누를 만들며 사업까지 이어졌다. 아름다운 콘셉트로 오프라인 공간에서 누구나의 발걸음을 멈추게 하는 이 브랜드의 매력은 바라보기만 해도 고요하고 착해질 것 같은 예쁜 컬러와 자연스러움이다. 스스로 가장 좋아하는 일이 뭔지에서 출발, 꿈꾸는 모양과 색깔을 구현하는 비누로 행복을 찾는, 아름답고 환경에도 좋은 수제비누 사업을 하게 됐다고 한다.

'공에이프런'은 앞치마 DIY 커스터마이징 서비스를 제공하는 워크웨어 유니폼 브랜드로, 앞치마 하나로 좁고 깊은 길을 가고 있다. 스페셜티 커피와 비건 식당, 베이커리 등 편안함의 가치를 추구하는 다양한 직군의 문화와 환경에 맞는 디자인과 편안함을 개발하고 만들어가는 유니폼 브랜드로 성장하고 있다.

글로벌로 가지 않아도 글로벌이 우리를 주목하는 시대, 작지만 선명한 자기다움으로 시작한(하고 있는) 한국의 모든 패션 브랜드를 응원한다. 당신은 이미 글로벌의 첫걸음을 떼었다.

축적과 연결 없이 베껴 썼다 지우기를 반복해온 한국 패션산업의 문제도 똑같다.

하지만 좋은 디자인과 좋은 소재로 좋은 옷을 만드는 훈련된 기업들이 진용을 재정비하

고 패션업의 본질을 찾아간다면? 오히려 진정한 '퍼스트 무버'로서의 기회를 가질 수 있

지 않을까?

Chapter.2

꼬리 자르며 달려온 패션업,
축적과 연결이 필요하다

굿바이 패스트 팔로워,
헬로 퍼스트 무버

파리와 밀라노의 패션 매장들이 '한국인 출입금지' 팻말을 매장 앞에 붙여놓은 시대가 있었다. 지금은 그런 사실을 까맣게 잊고 파리와 밀라노, 런던의 스트리트를 여유 있게 거닐고 있지만, 잠시 기억을 되살려보면 아찔했던 기억들도 무수히 많다. 80년대, 90년대, 한국인들의 빠른 눈과 발, 안목과 손재주는 유럽 패션계 사람들이 혀를 내두를 정도였다. 눈 깜짝할 사이 시선을 찍은 제품들은 약간의 변화를 얹어 다음 시즌 신제품으로 국내 백화점에 깔리곤 했다. 전 세계 패스트 패션 리더들이 울고 갈 정도였다.

매년 컬렉션 시기면 파리, 밀라노, 런던, 뉴욕행 비행기는 한국 패션 업계 사람들로 꽉꽉 채워졌다. 이들만을 대상으로 하는 패션전문 여행사가 여러 개 호황을 누렸을 정도다. 패션산업에 발을 걸친 사람들은 매 시즌 파리 프르미에르비종(이하 PV), 밀라노의 소재 전시회와 미캄, 미펠 등 패션잡화 전시회, 4대(파리 런던 밀라노 뉴욕) 정기 컬렉션, 유럽 소도시와 미국의 각종 박람회, 트레이드쇼까지 출장을 다녔고 백화점과 골목골목을 발이 부르트도록 훑었다. 매장의 옷, 소재, 코디 방식, 행잉 방식, 인테리어 모든 것이 관찰의 대상이었다.

대기업부터 중소기업, 디자이너 브랜드는 물론 소재, 부자재 업체, 동대문 상인들, 보세점, 대리점 점주에 이르기까지 매년 PV와 패션위크 기간 서울은 텅 비었다. 이들은 명품에서부터 ZARA(이렇게 큰 기업이 될 줄 몰랐던 때다)에 이르기까지 해외 샘플을 가방 한 가득씩 채워왔고 샘플을 사는데 기업들은 돈을 아끼지 않았다. 다음 시즌의 바로미터인 샘플이 한 시즌 매출을 좌지우지 했기 때문이다.

아이폰도 디지털카메라도 없던 시기, 매의 눈으로 수많은 매장을 스크린하는 시장조사는 상상초월이다. 행거의 옷들을 시착하고 피팅룸에 들어가 몰카를 찍거나, 나오자마자 잽싸게 스케치하기도 했다. 디자인 디테일과 소재, 부자재 한끝도 놓치지 않았다. 피곤한 줄도 모르고 하루 종일 이어지던 강행군…. 서로 역할분담해 매장을 돌고 난 뒤 밤이면 밤마다 조사한 옷들과 샘플을 놓고 밤샘 회의를 이어갔다.

물론 돌아와 그대로 베낀 건 아니다. 그 당시 국내 패션 브랜드들은 정말 치열하게 노력하고 고민했던 시기다. 개성을 뽐내는 좋은 브랜드들이 쏟아져나올 때고, 자존감도 높아서 서로가 서로의 감시자였다. 종종 서로 먼저 내놓은 디자인으로 카피 분쟁이 생기기도 했는데, 이럴 경우 그 오리진이 파리나 밀라노의 어떤 브랜드였을 가능성도 적지 않았다. 유럽의 구석구석을 샅샅이 뒤지며 우리의 안목은 날로 높아 갔다.

눈과 발이 빠르고 극성맞은 한국 사람들로 유럽 패션계는 골치를 앓았다. 한번 쓱 보면 놓치지 않을 정도로 어찌나 실력이 좋은지 한국 패션기업 H사의 'Madame M'의 인상착의와 함께 그녀의 출입을 절대 경계하라는 구체적인 디렉션이 매장에 내려왔다는 전설(?)도 있다.

소재 업체들 사이에도 경계령은 마찬가지였다. 손 크고 욕심 많은 한국 패션기업 여자 오너들이 프랑스, 이탈리아의 좋은 소재를 상담하며 뭉텅이로 독점 오더를 요구했다가(업계 전문용어로 '도리한다') 한국으로 돌아가 캔슬하거나 물량을 확 줄이기 일쑤였기 때문. "한국 패션기업 B사 Madame H의 성질은 런던의 날씨 같으니 조심하라"라는 말이 유럽 유명 소재 업체들 사이에 국룰이 되기도 했다.

스와치(원단 샘플)를 가져온 뒤 한국 원단컨버터(공장을 갖지 않고 기획력과 개발력으로 소재를 개발하고 외주생산해 공급하는 원단업체)에서

재빨리 개발해 수입을 빠른 속도로 대체해갔다. 패션기업들의 성장과 발맞춰 국내 소재 업체들과 원단컨버터들의 실력도 함께 발전했다. 한국의 경제성장과 소비자들의 삶의 질 향상으로 내수시장은 성장기를 구가했고, 당시 한국 패션 업계의 안목과 제조 실력은 놀라운 속도로 발전해갔다.

우리가 유럽의 패션을 숨 가쁘게 따라가는 동안, 어느 순간 도쿄 출장이 필요 없어질 정도로 실력은 향상됐다. 일본을 통해 유럽을 바라볼 필요도 없어졌다. 우리가 더 빨랐고 우리가 더 잘 만들었다. 도쿄에 출장 가면 심드렁할 정도로 이미 우리가 유럽의 패션을 다 아는 것 같았다. 점점 더 일본보다 한국의 에너지가 넘쳐 갔다.

다이내믹 한국 패션, 패스트 팔로잉으로 급성장

월드사와 온워드 카시야마의 성공비결을 연구하며 벤치마킹하던 우리가 어느 순간부터는 그들로부터 눈이 점차 멀어졌다. 빨리 달려야 하는 우리에게 '장인정신'이니 '모노즈쿠리(ものづくり, '혼신을 다해 제품을 만든다'는 일본의 장인정신을 의미)'니 '혼모노(本物, '진짜'라는 의미)', '100년 가게' 같은 따분한 단어를 신봉하는 일본의 문화가 올드하게 여겨지기 시작한 것도 이즈음이었을 것이다.

브랜드들은 정보의 격차만으로도 돈을 벌 수 있었다. 새로운 콘셉트의 브랜드를 발견하면 돌아와 바로 흡사한 브랜드를 론칭했다. 노력하면 단일 브랜드로 연매출 1,000억 넘는 규모를 뚝딱 만들어내는 것은 놀랍지도 않은 일이었고, 이런 스타 플레이어들이 매 시즌 등장했다. 시즌마다 신규 브랜드가 100개 넘게 론칭될 정도로 한국 패션은 성장했고 다이내믹하게 움직였다.

모든 가능성이 충분히 열려있고 굳이 새로 만들 필요가 없을 정도로 넓은 세상에는 따올 열매가 넘쳐났다. 그 원료를 가지고 조금만 변형해 쿠킹하면 브랜드를 만드는 것은 어렵지 않았으므로 카피도 점점 만연해갔다. 어차피 패션은 서양의 산물이니까 하는 은근한 변명거리도 있었다.

노력하는 만큼 성과를 인정받고 디자이너부터 샵마스터까지 각 직종의 실력 있는 전문가들은 몸값을 높여서 다른 회사를 선택할 수 있는 충분한 선택지도 많았던 시기다. 기업들은 매년 신입생을 공채했고 성장기에 걸맞은 실력 있는 경력자들을 서로서로 스카우트하는 일도 자연스러운 일이었다. 때로 한 팀을 송두리째 스카우트하거나, 나중에 보니 두 회사 디렉터의 자리가 바뀌는 일도 있을 정도로 도를 지나치기도 했다. 동시에 가장 많은 고용을 창출함으로써 대한민국 경제성장에 기여한 것도 섬유 패션산업이다.

뒤돌아보면 축복받은 시대였다. 우리가 빛나게 성장해 온 그것이, 우리들의 노력과 실력 때문이라 믿었던 그것이, 사실은 복받은 시대(경제성장기)를 살아 온 때문이라는 것을 요즘 깨닫는다. 글로벌화의 물결을 타고 수입브랜드 시장이 확장되고 국내 소비자들의 해외여행이 폭발적으로 늘어나기 전의 상황이다.

여기까지가 앞서 달리는 대상, 퍼스트무버(First Mover, 선발주자)의 그림자를 바라보며 달려온 패스트팔로워(Fast Follow, 빠른 추격자)로서 우리의 자화상이다. 국내 브랜드들이 수입된 해외 브랜드들과 한 매장 안에서 비교되고 소비자들이 해외 여행지의 백화점에서 수많은 글로벌 브랜드들을 만나면서부터 국내 브랜드의 경쟁력은 원치 않아도 저울 위에서 비교당하게 된다.

국내 최고 기업, 최고 브랜드들이 파리, 밀라노, 런던, 뉴욕의 무엇과 닮아있고 똑같은 제품이 카피 돼서 팔리고 있다는 불편한 진실을 들키게 되면서 점점 국내 패션기업들은 길을 잃어버리게 된다. '100m 명품', '무늬만 이태리 産', '빈티 나는 폴로' 같은 자조 섞인 표현도 나왔다. 카피할 교과서를 잃어버린 국내 패션기업들이 '디지털'이라는 거대 물결과 코로나 팬데믹을 만나 우왕좌왕하는 사이, 소비재 산업 트렌드의 리더 역할을 놓치지 않았던 패션은 그 자리를 순식간에 빼앗기고 말았다.

이유는 여러 가지다. 가장 중요한 것은 패션이 성장의 단맛에 길들어 라이프스타일로 확장, 진화되지 못하고 머물렀던 때문일 것이다. 글로벌한 안목으로 빠르게 진화하는 소비자들의 변화를 담아내지도 못했다. 국내 백화점 유통에 갇혀서 즉각적이고 단기적인 성과중심주의로 인해 축적되고 연결되는 인프라의 구축은 점점 약화됐다.

숙련, 헤리티지, 가치지향 등 퍼스트 무버의 요건을 갖춰야

오랫동안 패스트 팔로워로서 열매를 쉽게 따는 것에 익숙해진 우리는 퍼스트 무버들을 따라하는 척하면서도 정작 배워야 할 장기적 숙련이 필요한 노하우나 헤리티지, 철학, 고품질, 가치 지향의 전략들은 외면했다. 단기 실적에 대한 집착과 실패에 대한 두려움 때문이다. 퍼스트무버로서의 자격과 위상을 갖추어 갈 수 있는 기회가 있었음에도 국제적인 브랜딩 작업, 글로벌 스탠다드에 도달하려는 일을 게을리하고 눈앞의 이익만 좇았다. 가격경쟁력이라는 이유로 소재와 생산의 인프라는 점점 더 약화되고 뷰티, 리빙, F&B산업의 성장과 발전에 뒤처지게 된다.

BTS와 K드라마 등 K-컬처의 세계적인 주목이라는 유사 이래 초유의 기회를 맞이한 지금, 지난 30년 토대를 닦아온 패션 1세대 기업들은 아쉽게도 그 혜택을 얻지도, 누리지도 못하고 있다. 최근 일본의 중가 뷰티 시장이 한국 브랜드로 채워진 현실은 부럽기만 하다.

더 이상 패션기업들은 신입생을 공채하지 않고 신규 브랜드를 만들지도 투자하려 하지도 않는다. 대기업, 중견 기업들은 브랜드를 만들기보다는 돈 되는 해외브랜드를 수입하느라 혈안이고 그저 온라인에서 슬쩍 소비자들을 현혹시킬 수 있을 만큼의 브랜드만을 만들 뿐이다. 그렇다고 배포 있게 글로벌 브랜드를 M&A해 멋지게 성공하는 기업도 없다. 대체 그동안 성장해 온 패션기업들은 다 어디로 사라지고 이렇게 조용한 것일까?

투자가 없는 곳에는 열매도 없다. 패션 대기업, 중견 기업들이 스몰브랜드와 온라인 브랜드에게 밀려나는 이 현상의 가장 큰 이유는 디지털이나 생성형 AI는 아니다. 백화점 탓도 물론 아니다. 스스로의 진화를 게을리해 온 탓이다. 이런 면에서 우리는 후배들에게 미안함이 있다. 왜 우리는 성장기를 구가하는 동안 후배들에게 넘겨줄 기회를 만들어주지 못했는가.

패스트 팔로워는 퍼스트 무버가 있어야 존재할 수 있다. 한국 패션에게 퍼스트 무버는 초기에는 일본이었고 이후에는 유럽, 특히 패션을 선도하는 프랑스와 이탈리아 등이다. 이들이 새로운 브랜드와 제품을 만들어내면 패스트 팔로워인 우리가 그들을 벤치마킹하고 약간의 차별화 포인트를 가미하는 식이다.

패스트 팔로워는 솔직히 1970년대에 일본 패션이 먼저 유럽을 상대로, 1990년대 이후부터는 한국이 일본을 상대로 택한 전략이다. 게다가 이제는 개발도상국 중국이 우리와 일본, 미국을 동시다발로 패스트 팔로잉한다. 가공할 속도와 물량, 자금폭탄으로….

그렇다고 패스트 팔로워로서 달려온 과거가 부끄럽다고만 말하지는 않겠다. 그 열심의 세월이 오늘의 토대를 만들었다. 퍼스트 무버가 되기 위해서 패스트 팔로워는 필수불가결한 선행 조건이기도 하다. 아무것도 없이 밑바닥에서 퍼스트 무버가 된다는 것은 불가능에 가깝기 때문이다. 패스트 팔로워로 치열하게 달려오는 동안 한국 패션의 전반적인 체력과 실력이 향상된 것은 팩트다.

하지만 70년대 패스트 팔로워였던 일본이 이미 국가적 차원의 투자로 꼼데가르송과 이세이 미야케, 요지 야마모토라는 걸출한 글로벌 디자이너를 배출하고, 지금도 여전히 일본을 대표하는 이들의 위상을 보면 아무리 생각해도 부러움을 숨길 수 없다. 게다가 세계적 수준의 기업형 브랜드도 여러 개 배출하고 있지 않은가.

패스트 팔로워가 꼭 부정적인 것만은 아니다. 패스트 팔로잉을 하면서 자신만의 장점과 특징을 추가할 경우, 오히려 퍼스트 무버보다 더 크게 성공하는 경우도 많다. 여전히 기회는 있다. 지난 수년간 온라인 패션과 저가의 패스트패션을 물리도록 경험한 소비자들의 안목이 한층 선명해졌기 때문이다. 지금 온라인 브랜드들과 온라인 플랫폼의 거품이 빠지며 엇갈리는 명암이 이를 증명한다.

서울대 이정동 교수는 저서 《축적의 시간》에서 "우리 산업이 처한 공통적인 문제 중 가장 많이 제기된 키워드는 '개념설계

(conceptual design)' 역량의 부재였다. 개념설계 역량은 제품개발이건, 비즈니스 모델이건 문제의 속성 자체를 새롭게 정의하고, 창의적으로 해법을 제시하는 역량으로서, 실행 역량보다 더 선행 단계에서 요구되는 창조적 역량이다."라고 했다.

즉, 최초의 설계도를 그려내는 역량인데, "이 개념설계는 후속 생산 단계를 포함한 가치사슬 전반에 영향을 미치기 때문에 산업의 가치를 지배하는 진정한 리더십을 확보할 수 있다. 개념설계의 역량은 반짝이는 아이디어가 아니라 오랜 기간 지속적으로 문제와 해법의 시행착오와 실패 경험을 '축적'해야만 얻어지는 것"이라고 조언한다.

축적과 연결 없이 베껴 썼다 지우기를 반복해온 한국 패션산업의 문제도 똑같다. 하지만 좋은 디자인과 좋은 소재로 좋은 옷을 만드는 훈련된 기업들이 진용을 재정비하고 패션업의 본질을 찾아간다면? 오히려 진정한 '퍼스트 무버'로서의 기회를 가질 수 있지 않을까?

한 가지 조건이 있다. 가장 중요한 것은 기술이나 도구가 아니라 사람과 시간이라는 것, 사람과 시간에 투자해야 한다는 것. 긴 안목의 브랜드 철학을 만들고 유니크한 '자기다움'을 얹어 글로벌 소비자에게 통하는 방식으로 모든 시스템을 재구축해야 한다는 것이다. 교과서에 등장하는 이런 기본을 다시 생각해야 할 시점이다.

패션업의 꽃,
여성복의 잘못된 단절

'I am I'

'이 세상에 단 하나 나는 내가 만든다'

'천만 번을 변해도 나는 나, 이유 같은 건 생각하지 않는다'

1993년 톰보이의 광고 카피다. 지금 젊은이들이 이 카피를 본다면 뭐라고 할까? 요즘같이 일하는 여성이 많고 남성들과 어깨를 나란히 하다못해 종종 더 우월한 위치에 있는 지금, '나는 나'라는 표현은 너무 당연하다. 하지만 톰보이가 태어난 1977년, 당시 아직 보수적이고 남성우월적인 한국 사회 분위기에서 이런 카피는 아주 도발적인 것이었다.

2007년 톰보이 30주년을 맞이해 등장했던 초대형 마리오네트

인형 '테라(Terra)'와 'She's Back'이라는 카피도 센세이셔널했다. 당시 이 광고는 호불호가 갈리긴 했으나 도전과 창조의 아이콘으로서의 톰보이 정신을 되찾으려던 시도로 주목받았다. 2010년 부도 이후 지금은 대기업(신세계인터내셔날)에 소속돼 '스튜디오톰보이'로 변화했지만, 톰보이가 기성화된 국내 여성복, 아니 국내 패션의 출발을 알린 신호탄이라는데 이견을 달 사람은 없을 것이다.

'캐주얼'의 효시이자 한국 패션에 머천다이징(MD)이라는 개념을 전파한 것도 톰보이다. '톰보이'를 탄생시킨 성도어패럴 설립자 故 최형로 회장은 일본 패션업계를 탐구하며 열정적으로 한국 패션의 초대 기반을 닦은 인물이다. 수많은 MD를 배출한 이 당시 성도는 MD사관학교로 불리웠다.

톰보이가 캐주얼의 시조라면 데코(1978년)는 국내 여성복의 토대를 만든 기업이자 브랜드다. 데코에서 시작된 여성복은 아나까프리, 텔레그라프로 이어지고, 편집형 캐주얼 브랜드 '데얼즈'와 같은 새로운 콘셉트에도 도전한 용감한 기업이다. 라이프스타일 브랜드 '룸앤데코'는 지금 나온다 해도 손색없을 정도로 세련된 콘셉트였다. 데코는 여성복 국민 브랜드로 사랑받았고 롯데백화점 본점에서 데코가 세운 평당 매출기록은 전무후무한 것으로 남아있다.

데코는 국내 패션 역사상 디자이너, 디렉터의 요람이다. 디자인 디렉터에게 주어진 독자적 권한과 조직력은 데코를 매우 활기찬 패션 전문기업 모델로 성장케 했다. 이 에너지 속에서 좋은 디자이너들이 성장하고 배출되면서 국내 패션기업들로 퍼져나갔다. 당시 데코 출신의 디자이너를 스카우트하려는 경쟁 패션기업, 패션을 육성하고자 하는 대기업들이 줄을 이었다.

이원평 전 데코 회장은 최형로 회장과 함께 쌍벽을 이루는 패션 역사의 중요 인사다. 이 회장은 100%를 선기획 생산하던 당시 패션업계의 기획방식에 QR(Quick Response, 반응 생산) 시스템을 도입하고, 비중이 커가던 니트 전문 기획실을 별도로 두었으며 파리 현지 사무소 오픈, 중국 법인 설립 등 선진적인 행보로 업계를 리드했다.

브랜드별 디렉터(감성)들과 사업부장(경영)에게 부여된 책임 경영과 권한 위임은 시대를 매우 앞서가는 시스템이었다. 지금 생각해 보면 너무 일렀던 건 아닐까 하는 의문이 남기도 하지만, 다시 뒤돌아봐도 혁신적이고 앞서가는 경영방식을 구사한 기업이다.

뒤이어 등장한 한섬은 한국 패션 역사를 새로 썼다 해도 과언이 아니다. 87년 설립 이후 브랜드 '마인(88년)', '시스템(90년)', '타임(93년)'으로 이어지면서 한국 여성복 패션의 롤 모델을 만들었다. 특히 유러피안 스타일의 타임은 한국 패션의 수준을 한 단계 높였다는 평가를 받았다.

한섬, 국내 패션 역사 다시 쓰며 여성복 롤 모델 제시

패션계에 몸담았던 사람들은 1993년 서울 명동 플래그십 스토어와 압구정동 갤러리아 백화점 2층에 오픈한 타임의 모습을 잊을 수 없을 것이다. '포스트 모더니즘(Post Modernism)'이라는 글자와 완벽하게 맞아떨어지는 대형 매장의 세련됨과 고급감의 극치를 보여주던 극강의 비주얼은 깨지지 않는 타임만의 이미지를 그날 이미 완성했다.

이 회사를 이끌어간 정재봉 회장과 문미숙 감사는 이성(경영)과 감성의 밸런스를 잘 구사하던 듀오 경영인으로서 평가받는다. 매출도 물론이지만 상품기획과 품질, 소재에 대한 아낌없는 투자와 압도적 비주얼을 자랑하는 매장 인테리어와 VMD, 탁월한 광고 홍보 방식, 노세일을 비롯한 타협없는 판매정책 등 모든 면에서 최고를 지향했다.

국내 패션을 리드하는 디자인팀, 디자인팀을 확실하게 서포트하고 좋은 소재를 아낌없이 쓰는 소재팀, 최신의 트렌드 정보를 수집 공급해주는 정보팀, 좋은 상품을 아름다운 공간으로 메이크업해주는 VMD팀, 가장 좋은 지면에 가장 아름다운 컷을 소비자들에게 전달해주는 홍보팀 등…. 모든 인재는 한섬으로 쏠렸고 브랜딩에서 완벽을 추구하는 한섬의 행보는 경쟁업체는 물론 뒤이어오는 수많은 국내 패션 기업들에게 지대한 영향을 미쳤다.

브랜드당 너무 많은 인원이 투입되는 조직구성은 다른 기업들이 흉내 내기 어려울 정도로 과다하다는 평가도 있었다. 하지만 그만큼 높은 이익률을 기록하는 한섬으로서는 충분히 감당할 정도였고, 이런 투자 덕분에 타의 추종을 불허하는 패션기업으로 부상했다. 정상판매율이 낮고 재고가 많다는 패션업의 통념도 깼고 20%에 달하는 수익률로 경영을 잘하면 패션기업이 확실히 돈이 됨을 증명한 것도 한섬이다.

다만 조직 면에서 너무 세분화된 디자이너들의 역할분담으로 인해 한섬 출신 인재들의 능력에 대한 한계를 드러내기도 했다. 그럼에도 이후 한섬을 뒤따라오는 미샤, 대현 등 패션 전문기업은 물론 삼성물산과 LG패션(현재의 LF)은 한섬의 조직을 흉내 내고 도입하기 바빴다. 한국 패션기업들의 실력 향상에 한섬의 공이 크다는 것은 부정할 수 없다.

93년 오브제 컴퍼니의 등장은 디자이너 브랜드가 상업화되고 하우스의 감성을 조직화해 나갈 수 있다는 것을 증명해 준 또 하나의 새로운 모델이다. 강진영·윤한희 듀오 디자이너의 독특한 감성과 가치를, 내셔널 브랜드의 기획과 유통으로 전개한 '오브제(93년 론칭)'와 '오즈세컨(97년 론칭)'이 주인공.

신세대를 겨냥한 디자이너 캐릭터 브랜드의 유니크함에 반응하는 영 소비자들의 돌풍은 가히 폭발적이었다. 이후 강진영의 뉴욕 컬렉션에 이어 '와이앤케이(Y&Kei)'와 '하니와이(HaniiY)' 두 브랜드의 뉴욕 진출이 이뤄져 한국 브랜드의 글로벌화 가능성에 희망을 준 기업이기도 하다. 특히 하니와이는 글로벌 성공의 문턱까지 갔었다는 면에서 안타까움을 금할 수 없다.

톰보이, 데코, 타임, 오브제···, 아름다운 패션 주역들

한국 패션의 역사에 획을 그어온 기업과 브랜드는 이외에도 많다. 84년 세라비패션으로 설립된 '대하(후신 네티션닷컴)'는 EnC, 나인식스뉴욕, 아이네스 등 한섬과 쌍벽을 이룰 정도로 걸출한 여성복 브랜드를 많이 탄생시켰고 데코처럼 수많은 디렉터를 배출했다. 조학수 대하 사장 역시 한국 패션에 기여한 바가 크다.

하지만 이 주요 기업들의 공통점이 있다. 현재 사라졌거나 다른 기업으로 인수됐다는 점이다. 톰보이는 신세계인터내셔날의 분리 법인으로 존재하며 브랜드명도 '스튜디오톰보이'로 변해 있다. 여전히 인지도와 호감도 높은 브랜드의 위치를 차지하고는 있으나 초기 패션업계에 늘 신선한 자극을 주던 과거의 톰보이 스피릿을 유지하고 있는지는 의문이다.

데코는 2003년 이랜드가 인수했다. 당시 저가 캐주얼과 대리점이라는 프렌차이즈 유통으로 초고속 성장해온 이랜드가 패션기업들의 감성을 수혈받겠다는 명분으로 시작한 것이 바로 M&A였고, 데코에 이어 네티션닷컴도 인수했다. 하지만 아쉽게도 당초 의도한 대로 여성복의 감성을 이랜드가 이식받기보다는 데코와 네티션닷컴 고유의 패션 감성은 쇠퇴해갔다.

이랜드 스스로 데코와 네티션닷컴을 다시 헐값에 매각한 것으로 그 답은 더 이상 설명이 필요 없어 보인다. 늘 패션문화의 꽃을 피웠고 미래를 제시한 기업이었던 데코는 이후 수년간 주인이 수차

레 바뀌면서 현재 패션플랫폼 소유의 브랜드로 남아있다. 대하 역시 2006년 이랜드에 매각된 이후 현재 EnC, 나인식스뉴욕 등 브랜드의 존재감은 약화돼있다.

오브제컴퍼니는 2007년 SK패션이 인수한 후 뉴욕 법인을 설립, 해외 진출에 박차를 가하고 하니와이 브랜드로 성과도 있었다. 하지만 강진영, 윤한희 두 디렉터와 SK와의 동행은 그리 오래 가지 못해 1년 만에 두 디렉터는 회사를 떠났다(2008년). 오브제를 품은 SK네트웍스도 8년 뒤인 2016년 현대백화점그룹에 인수돼 먼저 인수한 한섬 안으로 합병됐다.

한섬은 2010년 SK네트웍스에 인수될 뻔하다가 2012년 현대백화점그룹의 자회사가 됐다. 지금도 여전히 한섬은 타임을 중심으로 한국 패션의 리더 자리를 지키고는 있으나, 한섬 본래 갖고 있던 최고의 품질과 타협하지 않는 감각, 패션 전문기업으로서의 탁월함에 대한 의지를 변함없이 유지하고 있느냐에 대해서는 의문이 남는다.

한섬 전 대표인 정 회장은 매각 당시 71살로 고령인데다 2세가 패션을 원치 않고, 패션이 시대 유행에 민감한 업종으로, 잘 나가던 다른 동종기업들이 무너지는 것을 보면서 매각을 최종 결심했다고 한다. 하지만 이후 정재봉·문미숙 부부는 여러 차례 한섬 매각을 후회했다는 후문이다. 그래서인지 남해 골프장 운영도 모자라 남은 열정을 불태우며 현재 고급 골프웨어 브랜드 '사우스케이프'를 운영 중이다.

이원평 데코 회장은 회사를 넘긴 이후로도 꽤 오랜 시간 이랜드 경영진에게 패션사업의 조언자 역할을 하기도 했으나 현재는 조용히 노년을 보내고 있다. 강진영·윤한희 부부는 라이프스타일 편집숍 '퀸마마마켓'으로 반가운 출발을 알렸으나 3년간 운영하다 아쉽게도 중단(현재 이곳은 젠틀몬스터 하우스 도산으로 운영 중), 이후 소식은 들려오지 않는다.

이외에도 사라진 여성복 브랜드 중에는 유난히 아쉬운 훌륭한 브랜드가 많다. 줄리앙(풍연물산, 부도), 니켄리쯔(보성인터내셔널, 부도), 모리스커밍홈(모수인터내셔널, 부도), 윈, F컬렉션, 파세르(하라패션, 부도)…. 돌아보면 지금 나와도 충분히 경쟁력 있을 법한 브랜드들의 면면이다. 90년대 정말 화려한 여성복의 르네상스 역사가 쓰였음을 기억할 수 있다.

잘못된 M&A와 다양한 비즈니스 모델 부재

이렇게 훌륭한 기업 수많은 브랜드들이 왜 모두 사라진 것일까. 톰보이의 성도(33년), 데코(25년) 대하(24년) 한섬(25년) 오브제(14년) 등 왜 이렇게 국내 여성복 전문기업의 수명은 짧은 것일까. 대기업을 제외하고 아직까지 장수하는 뱅뱅(1970년 탄생), 인디안(현 세정 1974년) 슈페리어(79년) 등 1세대 캐주얼 스포츠 기업들이 50년을 지켜가고 있는 것과는 대조된다.

본질적으로는 해당 기업들의 경영상 원인이 가장 클 것이다. 감성이 비즈니스보다 앞서는 경영 부실이 이유겠지만, 결과론적인 공통점은 잘못된 M&A다. 이랜드의 여성복 인수는 실패로 기록됐다. 이랜드 역시 한국 패션 역사에 큰 획을 그은 기업이다. 중저가 캐주얼과 프렌차이즈라는 두 가지 화두를 확실하게 만족시키는 브랜드들로 IMF 이후 한국 패션계를 거의 장악하다시피 했고, 유례없는 한국 기업의 중국 진출 성공이라는 기록을 남겼다.

유통 진출과 SPA 브랜드 성공, 이랜드 스피릿으로 무장된 젊은 리더십 육성으로 한때 패션계에 참신한 에너지를 만들어냈고, 이랜드 출신들이 스카우트 0순위로 부상하기도 했다. 하지만 여성복 역사에 있어서만큼은 성공하지 못했다. 망해가는 기업들을 큰돈 들이지 않고 인수한 이후 점차 차입금 증가와 유동성 문제도 발생, 2013년부터 다시 자산을 매각하기 시작, 2016년에는 M&A를 중단한다. 대신 2017년 티니위니, 모던하우스, 케이스위스 등을 매각하고, EnC 매각에 실패한 이앤씨월드는 2024년 청산에 이른다.

오브제를 인수한 SK도 마찬가지다. SK와 강진영·윤한희는 2009년 불과 1년 만에 결별하고 이후 디렉터를 잃은 와이앤케이와 하니와이 두 브랜드도 사라졌다. 이뿐만 아니라 패션사업에 공격적이던 SK는 이해할 수 없는 방식으로 일시에 패션사업을 깔끔하게(?) 접고 현대로 사업부를 매각한다.

시스템과 매뉴얼로 운영되는 대기업은 사람에 의해 브랜드 캐릭터가 좌우되는 시스템을 원치 않는다. 디렉터가 사라진 자리는 메꿔지지 않고 결국 브랜드의 아이덴티티는 사라진다. 강진영윤한희가 없는 오브제와 오즈세컨은 이후 재기하지 못했다.

잠시 시선을 돌려보자. 우리와 흡사한 일본 패션업계 역시 과거에 빛나던 내셔널 브랜드들은 많이 사라지고 세대교체가 됐다. 하지만 월드사와 온워드 카시야마를 비롯 일본의 대표적인 패션기업들은 부침은 있으나 여전히 다양한 비즈니스 모델로 존재한다. 그들 역시나 성장기와 성숙기, 유통변화를 겪으며 브랜드를 M&A하거나 인수 합병을 거듭하면서 성장해왔다.

디자이너 브랜드에서 시작해 신진 디자이너들을 지속적으로 육성하고 품어나가는 꼼데가르송은 84년 이래 수많은 꼼데 키즈를 배출, 육성하며 확장해나간다. 도버스트리트마켓이라는 패션 플랫폼을 통해 이제는 일본 디자이너들을 해외로 진출시키는 통로 역할도 훌륭하게 수행해 나간다.

유나이티드애로우즈는 편집숍을 중심으로 수입비즈니스와 PB를 활성화함으로써 균형감을 찾으며 진화해간다. 가구 사업부터 출발한 아다스트리아는 여성복부터 남성복 캐주얼은 물론 푸드 사업까지 확장해 라이프스타일 기업으로 성장했다. 베이크루즈는 편집숍 저널스탠다드를 중심으로 역시 전 복종으로 사업이 확장돼 수백 개의 유니크한 브랜드를 거느리고 있다. 패션 브랜드부터 편집숍 론허먼, F&B 아코메야에 이르기까지 전 라이프 스타일 비즈니스를 전개하는 사자비리그도 있다.

　물론 앞서 출발해 우리보다 역사가 길고 내수시장이 크다는 점을 감안하더라도 일본의 다양한 기업군을 보자면 의류에서 시작해 의식주를 포함하는 라이프스타일로 진화발전한 기업들이 많다. 이에 비해 국내 패션기업들의 모습은 너무 단순하다. 의식주로 진화는커녕 브랜드 M&A 단계에서조차도 성공모델을 찾기 어렵다.

　오브제가 꼼데가르송 같은 하우스가 됐다면, 데코와 한섬이 베이크루즈나 아다스트리아 같은 라이프스타일 기업이 됐다면 지금 한국 패션의 실력과 위상은 이 정도에 머무르지 않을 것이다. 한국 패션의 르네상스를 이끌었던 적잖은 여성복 브랜드들은 자취도 없이 사라지고 한국 패션에서 빛바랜 단절의 역사로 남게 됐다.

　'이베리아 반도의 작은 도시국가 피렌체에서 꽃핀 르네상스가 전 도시로 퍼져나가 유럽의 현재 문화를 있게 한 원동력을 만들었듯이, 한국패션의 르네상스를 이끌었던 수많은 여성복 브랜드들이 지금 살아있다면…'이라는 상상을 해본다. 앞으로 이 단절의 역사를 끝내는 것은 지금 세대의 몫이 아닐까?

캐시카우에서
생장을 멈춘 한국패션

패션은 지극히 문화적인 산물이기 때문에 시대의 생활양식, 즉 라이프스타일 변화에 따라 크게 영향을 받는다. 사람들이 무의식중에 시대 변화를 가장 빨리, 적극적으로 반영하는 것도 패션이다. 모바일폰이 인간과 한 몸이 되면서 두 손을 자유롭게 하기 위해 백팩이 인기를 끈다거나, 여성 운전자들이 늘어나면서 롱코트 수요가 주는 것은 아주 비근한 예다.

쉽게 '유행'이라 표현되는 것이 패션이지만, 어떤 현상이 '유행'이 되기까지 저변에는 사회, 정치, 경제, 도덕, 규범 등 문화전반의 동인들이 깔려있고, 그런 변화가 일어나게 만드는 변곡점이 반드시 존재한다.

한국 패션에도 그런 커다란 변곡점들이 여러 번 있었다. 그로 인해 사람들의 행동 양식과 의식의 흐름이 바뀌고 이에 따라 자연스럽게 패션을 주도하는 주류가 새롭게 형성되거나 사라지곤 했다. 이런 흐름은 '유행'이라 부르기에는 너무 큰 파고여서 이 흐름을 타고 산업의 지형이 바뀌고 리딩 기업이 바뀐다.

이런 흐름의 상승곡선을 주도하는 기업은 역사에 남는다. 일례로 한국 여성 캐주얼의 시대를 연 브랜드를 자타 공히 톰보이(77년 론칭)라고 부르는 것이 대표적인 예다. 70년대 여성들의 사회참여가 늘던 여성해방의 시대, 적극적이고 활동적인 여성상과 자유, 젊음을 상징하는 캐주얼한 복장을 제안한 최초의 브랜드기 때문이다. 이렇게 변곡점을 중심으로 복종의 흐름이 변화하고 성장의 기틀을 맞이하거나 사라져가는 등 기업들의 명암이 엇갈리기도 한다. 상승곡선을 타는 주류를 흔히 '황금알을 낳는 거위' 혹은 '캐시카우'라고 표현한다.

초기 한국 패션 역사의 첫 번째 변곡점은 '기성화'와 신사복 시장이다. 해방 후 서양의 옷이 국내 도입돼 60년대 맞춤복으로 시작된 '양복'은 일부 특정 계층의 전유물로 시작돼 산업화와 근대화 속에 섬유공업의 발전과 함께 의류 산업이 개화한다(초기 국내 의류산업은 OEM으로 시작된 수출 중심이었다). 가내수공업 형태의 수작업으로 이뤄지던 맞춤 양복이 수요증가와 대중화로 양복 공장들이 생겨나면서 맞춤복 시대에서 기성복 시대로 넘어간다.

70년대 경제성장과 함께 양복이 출근복으로 정착하면서 대량

생산, 대량소비 시대로 돌입한다. 신사복은 대규모의 투자설비가 선행돼야 하는 장치 산업적 요소가 많아 고도의 기술축적과 기획, 생산의 노하우가 필요하다. 때문에 초기 시장진출과 정착이 쉽지 않고 의류 중 진입장벽이 가장 높다. 이런 이유로 복지(원단) 회사가 대형화되면서 자연스럽게 신사복을 생산하거나 일부 대기업에서 기성복을 생산하기 시작한다. 여성복보다 먼저 기성화의 길을 걸은 남성복은 이렇게 대기업 중심의 대량생산 체제로 이어진다.

'양복의 시대'를 맞이해 소비확산으로 신사복 기성복이 전성기를 맞이한다. 67년 제일복장이 댄디로 최초의 신사복을 판매하기 시작(후에 삼성물산이 인수), 삼풍 캠브리지(76년), 반도패션(77년), 캠브리지멤버스(77년, 2007년 코오롱FnC가 인수), 에스에스패션의 버킹검(78년) 등이 기성복 생산에 박차를 가했고, 수출기업 부흥도 내수시장에 참여한다(74년).

신사복 대표기업인 제일모직은 1954년 설립돼 1956년 골덴텍스 양복지를 생산 공급하며 이후 복지 부문 제일모직과 패션 부문 에스에스패션(후에 두 기업이 통합돼 삼성물산 패션 부문이 됨)으로 운영되며, 갤럭시(83년) 하티스트(88년), 로가디스(89년), 빈폴(89년)을 연이어 론칭했다. 삼성의 패션사업은 직물이 캐시카우 역할을 하다가 남성복으로, 여성복으로, 캐주얼(빈폴)로 주력사업을 계속 전환해갔다.

80년대 삼성의 갤럭시(83년), 갤럭시스튜디오(86년), LG패션 닥스(86년), 코오롱 맨스타(88년) 등 대기업들이 신사복 정장을 이끌어가면서 시장이 급성장한다. 90년대에는 남성들의 패션 인식이 높아지면서 브랜드 수가 늘어나는 춘추전국시대다. 정장과 캐주얼 구분이 명확해지고 인터메조(FGF), 코모도(성도) 등 캐릭터 브랜드가 부상하며 남성복 시장은 성숙기를 맞이한다.

신사복 기성화, 교복 자율화, 88올림픽, IMF 등 변곡점

독창적 스타일을 추구하는 노바, 아르페지오, 소르젠떼(에스콰이아), 바쏘(세계물산), 모두스비벤디(신원) 등 브랜드들이 등장하고 엠포리오아르마니, 캘빈클라인 등 직수입도 확대된다. 2000년대 들어 주5일 근무제와 남성 소비자들의 급속한 라이프스타일 변화, 패션 감각 상승으로 착장 방법이 바뀌면서 정장보다는 캐주얼이 확산된다.

전통적인 남성복 정장 브랜드들은 변화에 대응하지 못하고 이어 부상한 인터메조, 솔리드옴므, 레노마(유로물산), 타임옴므(한섬), 커스톰멜로우(코오롱FnC), TI포맨(지앤코), 시스템옴므(한섬), 본(당시 우성아이앤씨, 현재 형지 소유) 등 캐릭터 브랜드와 빈폴(제일모직), 헤지스(LG패션) 등 트래디셔널 브랜드, 가격이 합리적이고 캐주얼한 엠비오(제일모직), 지이크(신원), 지오지아(신성통상), 비즈니스 캐주얼 마인드브릿지(TBH글로벌) 등으로 시장이 세분화된다. 띠어리 등 컨템포러리도 확대된다.

남성복은 봉제 등 인프라 중심으로 옷을 만들기 때문에 변화와 대응이 쉽지 않다. 공장에서 대량생산으로 찍어내기에 길들여진 신사정장 브랜드들은 라이프스타일 변화와 캐주얼화로 급격하게 축소됐다. 신사복을 '캐시카우'라 부르던 대기업들은 성장하는 여성복과 캐주얼 스포츠 등으로 패션 투자를 전환하고 적잖은 중소 남성복 브랜드들은 사라져갔다.

이제 신사복은 명확한 TPO 개념으로 존재하고, 젊은이들은 수트나 재킷 없이 티셔츠와 가벼운 아우터로 일하며 일상을 보낸다. 복종 간의 경계가 사라지면서 신사복은 오히려 더욱 고급화하고 특별해지면서 시스템오더나 디자이너 브랜드의 발전도 가져왔다.

두 번째 변곡점은 83년 교복 자율화와 캐주얼 시장이다. 80년 컬러TV 보급과 81년 해외여행 자유화에 이어 이뤄진 교복 자율화, 86아시안게임과 88서울올림픽으로 이어지는 고도성장기다. 80년대는 스포츠와 대중문화가 활성화되던 시기로 패션에서 캐주얼 시장의 폭발적 성장을 가져왔다. 코디네이션에 의한 다양하고 편안한 캐주얼 스타일과 함께 아시안게임과 올림픽 영향으로 스포츠웨어가 인기를 끌었다.

초기 캐주얼 시장의 개척과 선점, 확장은 이랜드의 급성장으로 대표된다. 특히 이랜드는 중저가 캐주얼이라는 장르를 만든 주인공이기도 하다. 80년 이대 앞의 이랜드(잉글랜드)로 출발(캐주얼 최장수 브랜드다), 교복 자유화의 수혜를 누리며 83년 브렌따노, 85년 언더우드, 88년 헌트를 잇달아 론칭한다. 특히 헌트는 94년에 단일 브랜드로서는 최초로 연매출 1,000억 원을 기록하며 전성기를 누렸다. 프렌차이즈 매장 운영방식도 패션업계에 돌풍을 일으켰다.

이후 이랜드를 중심으로 하는 가두점의 중저가 캐주얼과 함께 캐주얼 시장은 대기업들이 앞다퉈 뛰어들면서 급속히 성장한다. 삼성(카운트다운, 체이스컬트), 대우(유니온베이, 옴파로스), 선경(카스피), 반도패션(티피코시, 반도패션은 LG패션의 전신으로 현재 LF) 등...

동시에 90년대는 가히 국내 캐주얼 브랜드들의 화려한 전성기이기도 하다. 지오다노, 닉스, TBJ, 스톰(292513=STORM), 보이런던, 지브이투, 겟유즈드, 베이직, 안전지대, 클라이드 등이 부상한다. 국내 1세대 편집숍이자 브랜드인 패션빌리지가 인기를 끈 것도 이 시기다.

90년대 중후반에는 노티카, 스포츠리플레이, MF, 후부, 루츠, 헤드, 펠레펠레, 퀵실버, 1492마일즈, 쏘베이직 등 다양한 국내 캐주얼 브랜드들이 큰 인기를 끌었다. 시장의 확장과 함께 대기업에서부터 중견, 중소기업에 이르기까지 참여 브랜드가 늘어나면서 점차 가격경쟁도 치열해진다.

중저가 캐주얼 시장을 장악한 이랜드는 빠른 속도로 사세를 확장한다. 89년 아동복 진출, 리틀브렌, 이랜드주니어, 언더우드스쿨, 90년 시계 주얼리 로이드, 여성 캐주얼 로엠, 94년 '2001 아울렛'으로 도심형 아울렛으로 영역을 확대하면서 93년 매출 5,000억을 돌파한다. 90년 들어 유통업, 외식사업, 내의 사업 진출(94년), 설악켄싱턴스타호텔 인수로 호텔사업 진출(96년)로 사업을 다각화하고 2002년 매출 1조를 달성한다.

2000년대 들어서는 M&A로 더욱 몸집을 키웠다. 데코(2003년)의 5개 브랜드와 네티션닷컴(2006년) 4개 브랜드로 여성복을 확장하고, 동시에 뉴코아 백화점 인수(2004년), 뉴발란스를 라이선스로 도입(2007년)한다. 이후 이랜드는 중국 진출에 집중하다 2010년 이후에는 캐주얼 스파오(2009년), 여성복 미쏘(2011년), 슈즈 슈펜(2013년) 등 SPA중심으로 비즈니스 모델을 전환한다.

캐주얼, 글로벌 SPA 브랜드와 온라인 개미군단에 협공

국내 캐주얼 시장은 2000년대 이후 온라인 시장의 발달과 유니클로(2005년 국내진출), 자라(2008), H&M(2009) 등 글로벌 SPA 브랜드들의 진출로 큰 변화를 겪게 된다. SPA의 등장은 빠른 트렌드와 합리적 가격, 넓은 선택지와 자유로운 쇼핑으로 소비자들의 구매 패턴을 변화시키는 기폭제 역할을 했다. 한편 무신사 등을 통해 온라인 구매 비중도 빠르게 늘어갔다. 특히 온라인의 급성장으로 스몰 브랜드들이 무수히 생겨났다. 초기 무신사 입점 브랜드가 2000개에 달할 정도(현재는 8000여 개)였다.

스몰 브랜드들은 하나하나 보면 마이너이자 영세기업에 불과하지만, 온라인 플랫폼에 모인 이들의 파워는 디지털에 익숙하고 백화점에 무관심한 젊은 소비자를 블랙홀처럼 빨아들이며 시장의 판도를 바꾼다. 캐주얼 시장은 유니클로를 중심으로 한 SPA브랜드(오프라인)와 무신사 등 온라인 플랫폼의 스몰 브랜드 개미군단에 협공을 당함으로써 '캐주얼'이라는 그동안의 영역이 아예 사라져가는 형국이다.

사실 미국 시장에는 '캐주얼'이라는 복종이 없고 대신 스포츠웨어라는 크고 세분화된 영역으로 존재한다. 그들의 문화 자체가 그냥 캐주얼인 것이다. 국내 시장도 이런 흐름으로 가고 있는 듯하다. 캐주얼라이징 경향은 이미 오래전부터 대세가 되면서 SPA와 스트리트, 온라인 브랜드뿐 아니라 남성복, 여성복, 심지어 스포츠, 아웃도어 전 업계에 공히 불어온 하나의 대세로 정착했다. 사실 전 복종이 캐주얼인 것이다.

세 번째 변곡점은 IMF와 아웃도어다. 70년 종로에 문을 연 설우상사와 스노우프랜드(75년)가 국내 최초의 등산복이고, 이어 73년 동진사(블랙야크 전신), 코오롱스포츠가 아웃도어의 시발점이다. 하지만 국내 아웃도어는 오랫동안 '등산복'이라는 기능복으로 존재했을 뿐 패션과는 무관했다.

'아웃도어'라는 근사한 명칭이 대중들에게까지 폭넓게 인식된 것은 IMF 이후이다. 97년 IMF로 인한 부도와 정리해고로 갈 곳 없는 중장년층 남성들에게 돈 들이지 않는 취미생활이자 스포츠로 등산이 각광을 받기 시작한다. 원래 'Outdoor'란 야외에서 즐기는 모든 활동을 의미하지만, 본뜻과 상관없이 이때 우리나라에는 '아웃도어=등산' 개념이 정착된다.

노스페이스는 미국 본사에 OEM 수출해온 영원무역이 97년 라이선스로 도입한 이후 5년 만에 아웃도어 1위를 차지하고, 1972년 등산화로 시작한 K2는 2000년대 2세 경영체제로 들어서면서 토털 아웃도어로 전환, 성장가도를 달린다. 미군용품을 개조해 만들던 초기 등산용품을 73년 국산화하며 시작된 동신사는 95년부터 블랙야크를 본격화한다.

2000년대 주5일 근무제와 국민소득 증대, 2002년 월드컵 개최로 한국형 아웃도어 문화가 형성되고 등산 인구 1,000만 명 시대를 맞이하며 아웃도어 산업이 부흥기를 맞이한다. 라푸마(2004년, 2019년 국내사업 종료), 네파(2005년), 밀레(2009년), 아이더(2013년) 론칭이 이어진다. 주말 레저 여행족 확산에 따라 저변이 확대되고 기능성 경쟁이 치열해지며 수입 아웃도어 브랜드 도입도 활기를 띠면서 고성장 시대가 지속된다.

시장의 확대 발전과 함께 기능성이 강화되면서 고어텍스 소재가 등장하고 디자인 요소가 가미된다. 아웃도어의 돌풍은 다른 복종의 소재에도 큰 영향을 미쳤다. 일상생활에서도 아웃도어를 착장하게된 소비자들이 심하게 편한 '기능성'을 다른 옷에도 기대하게 되자 이로 인해 남성복 여성복의 소재 판도까지도 바꿔놓는다. 모든 패션에 기능성이 들어가는 소재 개념이 시작된 것이다.

2010년 이후 등산복이 국민 생활복이 되고 예능프로그램 덕도 보면서 2013년 2014년에는 연매출 5000억 넘는 빅4 메가브랜드가 탄생하는데 노스페이스, 블랙야크, 케이투, 코오롱스포츠가 주인공이다. 시장 확대로 많은 신규 브랜드들이 대거 참여하면서 이름만 빼면 똑같아지는 동질화 흐름도 강해진다. TPO 상관없이 등산복 하나로 해결하는 등산동호회와 묻지마 관광객들의 형형색색 등산복 차림이 조롱받고 해외 여행 갈 때 아웃도어 착장을 금지하는 해프닝이 생긴 것도 이즈음이다.

이후 아웃도어는 스포츠라이프와 맞물려 다양한 스포츠와 만나며 애슬레저 트렌드로 전환, 데상트, 스파이더, 다이나핏 등의 브랜드가 인기를 끈다. 요가복 브랜드의 등장과 애슬레저가 부상하면서 아웃도어 착장 스타일에도 변화가 옴과 동시에 이들이 아웃도어 매출을 흡수하기도 한다.

아웃도어가 제2의 활황기를 찾은 것은 코로나를 거치면서 생긴 MZ세대들의 캠핑붐 덕분이다. 이들의 야외생활에 대한 열망과 웰빙라이프, SNS 덕분에 한층 젊어지며 성숙한 카테고리로 거듭나게 된다. 산에 갇혀있던 아웃도어가 캠핑, 낚시, 트레일러닝, 바이킹, 트레킹, 서핑, 요팅 등으로 다양화하고, 여행 라이프 확대로 드디어 세분화 전문화된 진정한 라이프스타일 아웃도어로 향하고 있다.

'황금알 낳는 거위' 아웃도어 진화는 현재진행형

막차(?)를 탄 디스커버리는 아웃도어가 라이프스타일로 변화하는 전환기에 틈새를 잘 파고들어 성공했다. 디스커버리와 내셔널지오그래픽은 영 캐주얼과 아웃도어 사이를 메꾸는 복종으로 등장, 아웃도어 카테고리를 새롭게 유지, 재정의하는 데 견인차 역할을 했다. 특히 이 두 브랜드는 이름만 빌려오고 아예 패션이라는 조닝을 한국 기업(F&F, 더네이처홀딩스)이 탄생시킨 브랜드라는 점에서도 주목받는다.

다만 글로벌 아웃도어 조닝에서 한국 브랜드의 체력이 약하고 해외 진출이 쉽지않은 것은 기본적으로 소재 등 엄청난 연구개발이 따라야 하기 때문이다. 남성복과 아웃도어, 골프는 소재 싸움이고 기능 면에서 투자가 필수적인 기술력 싸움이기도 하다. 일본의 초창기 아웃도어와 골프 패션이 우리보다 30년 빠른 것은 상사를 중심으로 한 소재개발 등의 연구를 우리보다 훨씬 먼저 시작했으며 기능성 소재기업들이 탄탄하게 받쳐주기 때문이다.

국내 아웃도어는 현재 전문화와 패션화의 양축으로 변화, 발전을 거듭하고 있다. 이런 면에서 코오롱스포츠의 진화는 칭찬해줄 만하다. 일찍이 소재로 성장한 코오롱이 50년 오랜 세월 부침을 겪으면서 철학, 브랜딩, 아카이브, 지속 가능함을 위한 노력 등 꾸준히 투자하며 진화를 계속해가고, 그 결과가 매출에서도 증명된다. 규모 면에서 작은 국내 시장의 한계를 돌파하기 위해 글로벌화에 꾸준히 투자하는 블랙야크와 최근 중국 시장에서 좋은 성과를 올리는 F&F도 주목할 만하다.

이밖에도 국내 패션사에서 변곡점과 스타 플레이어의 사례는 수도 없이 많다. 패션과 과학의 결합으로 새로운 패션 방정식을 제시했던 지오다노, 코리안 데님의 새 역사를 썼던 닉스와 버커루, 디자이너의 감성을 비즈니스화한 오브제와 오즈세컨, 한국 캐주얼의 한계를 돌파한 빈폴, 핸드백을 패션의 영역으로 끌어올린 쌈지….

캐시카우(Cash Cow)는 현금 '캐시'와 젖소 '카우'의 합성어다. 소에서 젖을 짜내듯 계속 이익을 낼 수 있는 고수익 사업, 현금 창출원을 말한다. 이 캐시카우는 산업과 소비자 선호도가 변화함에 따라 쇠퇴할 수 있다. 물론 돈을 찾아 변하는 기업의 속성은 비즈니스의 본질이다. 하지만 소가 계속 젖을 짜낼 수 있는 본질은 소(Cow)의 건강함이다. 너무 빨리, 많이 젖을 짜거나 소에 물을 먹여 인공적으로 살을 찌운다면 결국 뻔한 종말로 가게돼 있다. 황금알을 더 많이 갖기 위해 거위의 배를 가르는 것도 비슷한 의미다.

"와" 하며 모두가 한군데 달려들어 성장이 정체되고 결국은 같이 쇠퇴하는 동일한 분절의 역사를 우리는 왜 반복하고 있을까. 이를 끝내는 방법은 소에서 짜낸 젖으로 어린 송아지를 키우는 것, 그보다 더 선행돼야 하는 본질은 어미 소가 지속 가능하게 건강을 유지할 수 있는 넓고 푸른 풀밭(생태계)이다. 하나 더, 모두가 캐시카우에 동참하느라 서로 먹고 먹힐 것이 아니라 자기다움으로 큰 시장(글로벌)으로 나가야 한다. 그래야 진정한 미래 캐시카우의 파이프라인을 만들고 장기적으로 성장을 유지할 수 있다.

부러워 미치겠는
꼼데가르송

디자이너의 디자이너, 패션혁명가, 디자이너들의 선생님, 아방가르드의 최고봉, 해체주의의 대모, 은둔의 디자이너….

꼼데가르송을 이끄는 레이 가와쿠보(42년생)에게 붙여진 별명들이다. 또한 사람들은 꼼데가르송의 메인 디자이너이자 크리에이티브 디렉터(이하 CD), 대표경영자인 레이 가와쿠보를 '살아있는 전설'이라고 부른다. 작고 가녀린 몸을 감싼 검은색 가죽 재킷, 단발머리 아래 날카로운 눈매와 무표정…. 50년 동안 변치 않는 모습으로 여전히 패션계를 이끌어가는 리더이자 철학의 소유자, 그가 이끄는 꼼데가르송은 전 세계 슈퍼스타부터 모델, 디자이너들에게 세대와 시대를 뛰어넘어 존경과 사랑을 한몸에 받는다.

이런 찬사의 이유는 수많은 디자이너들의 정신적 스승으로 영향력을 미칠 뿐만 아니라 실제 자신의 팀에서 일하는 디자이너들을 육성하고 독립시키는 '선생님' 역할을 하고 있기 때문이다. 스스로의 세계관(世界觀)을 지켜가면서 동시에 그 세계관과 후배 디자이너의 것을 합치해 다시 독립으로 이어지는 이 생태계는 마치 중세시대 유럽 장인들의 조합인 길드(guild)와 흡사하다.

꼼데가르송 스스로도 '길드 정신'이라 표현하며 "나는 가이드이자 이끄는 역할"이지만 동시에 "그런 작업으로부터 많은 영감을 얻는다."라고 밝힌다(2016년 엘르 인터뷰). 그는 미디어를 극도로 꺼리고 간혹 인터뷰를 하더라도 짧고 추상적인 표현이 대부분이라 행간에서 이 길드 정신의 본질을 이해하기란 쉽지 않다. 다만 그간의 행보로 이들의 공동체 의식과 교육, 훈련, 도제 제도와 같은 신뢰와 협력의 관계를 짐작할 뿐이다.

꼼데가르송이 설립된 것은 1973년. 파리컬렉션에는 81년 요지 야마모토와 함께 데뷔했다. 그는 유럽의 패션계에 거칠고 헤진 비주얼의 '디스트로이드 룩'으로 새로운 미학을, 무채색 컬렉션으로 '블랙쇼크'를 일으킨 이후 한결같은 아방가르드와 해체주의로 자신의 패션 세계를 지속 발전시켜왔다. 여성복 컬렉션인 꼼데가르송에서 시작해 남성복, 니트, 캐주얼, 티셔츠, 잡화 등 16개에 달하는 라인을 운영한다. 매출액은 약 2억8000만 달러(약 4,000억 원, 2023년 기준)로 추정된다.

생각보다 기업의 규모는 크지 않지만 현존하는 오너 디자이너가 브랜드가 되고, 디자이너 브랜드가 자신의 철학을 고스란히 간직한 기업으로 성장하고, 그 기업이 지분매각이나 상장 없이 자식도 아닌 자신의 분신을 계속 탄생시키면서 지속 가능한 생태계를 형성하는 비즈니스로 진화해가는 것. 이런 기업은 일본뿐 아니라 전 세계적으로도 유례가 없다.

대부분의 패션 디자이너들은 1대에서 끝나거나 대기업에 인수되는 길을 걷는다. 랄프로렌이나 아르마니처럼 일부 디자이너는 대기업화하는 데 성공했지만 창작의 에너지를 확장하고 지속하는 것도 쉽지 않다. 크리에이티브 능력과 디자이너로서의 에너지의 한계 때문이다. 그럼에도 레이 가와쿠보는 자신의 컬렉션을 꿋꿋하게 유지할 뿐 아니라 꼼데가르송의 여러개 라인이 모두 하나의 뿌리를 갖고 있되 횡적으로 섬세하게 운영된다.

가장 상위 아방가르드 자체인 꼼데가르송은 아무나 입을 수 없는, 팬덤을 좁고 깊게 파는 라인으로 타협하지 않는 단단한 세계를 구축한다. 복잡한 절개의 재킷이나 구겨진 옷감, 비대칭과 비조화 등 유행과 무관하게 자신의 디자인을 고수하며 미완의 미로 표현된다. 유럽인들의 고정관념을 타파하는 이유로 종종 '안티패션'이라 불리워지기도 한다. 때로 너무 획기적이다 못해 기괴한 컬렉션을 선보여 야유를 받기도 하지만 그는 늘 용감무쌍하다.

남성복 라인은 84년 시작된 실험적인 꼼데가르송 옴므플러스와 세컨라인 꼼데가르송 옴므플러스 에버그린(2005년), 정통 테일러드 수트를 최고급 품질로 제작하는 남성 수트라인 꼼데가르송 옴므듀 (Deux), 남성 셔츠에 특화한 '꼼데가르송 셔츠(1988년)'가 있다. 93 년 시작된 여성복 세컨라인 '꼼데가르송 꼼데가르송'은 좀 더 젊고 여성스러운 콘셉트로, 웨어러블하고 가격대도 더 낮다.

꼼데가르송에서 ♥PLAY까지…, 아방가르드 왕국 건설

2002년 출시된 꼼데가르송 플레이(PLAY) 라인은 아이코닉한 빨 간색 하트로 상징되는 로고플레이로 대중에게 한층 다가섰다. 상 대적으로 저렴한 가격대에 티셔츠, 베이직한 니트, 카디건 등 훨 씬 캐주얼하고 쉬운 아이템들이 많아서 젊은층의 사랑을 더 많 이 받으며 다양한 브랜드들과 협업한다. 현재 꼼데가르송 매출의 12%~13% 비중, 가장 높은 수익률을 견인하는 캐시카우이기도 하 다.

블랙 꼼데가르송(2008년)은 컬렉션 라인보다 60% 낮은 가격을 제시, 합리적 가격으로 사랑받는다. 성별 구분 없이 입는 무채색 아이템이 많다. 2009년부터 애플레코드와 협업해 캡슐컬렉션을 전 개하는 꼼데가르송 비틀즈, 소녀들을 위한 라인으로 귀엽고 사랑 스러운 실루엣과 니트 액세서리 등이 중심인 꼼데가르송 걸(2015 년)도 있다. 2018년 창립 40주년을 기념해 탄생한 CDG는 한층 젊 고 캐주얼하며 대중적 라인이자 꼼데의 해체주의 철학이 가미된 디 자인으로 다양한 브랜드들과 협업한다.

반면, 론칭했다 사라지거나 간헐적으로 등장하는 라인도 있다. 꼼데가르송 '옴므플러스 스포트'와 '베스트 오브 컴필레이션'은 단종됐고 스트리트한 감성을 담아낸 꼼데가르송 '셔츠 보이즈(Shirt Boys)'는 이따금 등장한다.

이렇게 다양한 라인을 전개하며 성장할 수 있는 비결은 이들의 독특한 운영방식에 있다. 이 방식은 마치 '길드'와 비슷한 형태로, CIC 구조와도 흡사하다는 의견에 동의한다. 원래 CIC는 주로 대기업에서 비대해진 조직을 효율화하고 자율과 책임을 주기 위해 설치하는 독립조직이다. 레이 가와쿠보의 정신과 세계관을 공유하는 디자이너들과 함께하되 연대와 독립이 공존한다는 뜻이다.

발탁 이후 주로 패터너와 트리콧라인(니트)에서 시작해 실력이 검증된 디자이너는 꼼데가르송의 한 라인을 맡아 수석디자이너가 되고(꼼데가르송 by ○○○) 거기서 다시 검증되면 독립된 조직으로 오롯이 자신만의 라인을 전개한다. 이들은 자신의 이름으로 해외 컬렉션에도 참여한다. 이미 꼼데가르송의 주축이 된 준야 와타나베, 쿠리하라 타오, 니노미야 케이가 그런 케이스다. 레이 가와쿠보를 중심으로 큰 우산 안에 있되 각자의 독립된 브랜드를 운영하는 것이다.

준야 와타나베는 레이 가와쿠보와 함께 꼼데를 이끄는 메인 디자이너 중 한 명이다. 패턴메이커로 입사한 뒤 트리콧 라인을 맡다가 92년 수석 디자이너로서 자신의 이름을 내건 '준야 와타나베 꼼데가르송' 라인을 론칭, 93년 파리에 진출했다. 2001년 준야 와타나베 맨 론칭 후 다양한 브랜드와 협업으로 남성복의 지형을 확장 중이다.

쿠리하라 타오는 런던 센트럴세인트마틴 졸업 후 98년 입사해 준야 와타나베 팀에서 일하다 2002년 그로부터 트리콧 라인을 물려받았다. 기발한 컬렉션으로 주목받았지만, 2011년 퇴사하면서 중단됐다가 2022년 S/S 트리콧 라인이 '타오'로 리브랜딩되면서 복귀했다. 케이 니노미야는 앤트워프 왕립예술학교를 중퇴하고 동경해오던 꼼데가르송 디자이너로 합류해 2012년 느와르 케이 니노미야를 론칭했으며, 실험적인 패션과 디자인을 보여준다.

물론 레이 가와쿠보에게 발탁된 디자이너들이 모두 꼼데가르송의 소속 디자이너로 남는 것은 아니라 퇴사해 자신의 기업을 창업하기도 한다. 하지만 이런 시스템 덕분에 꼼데가르송에 입사해 어느 정도 훈련을 거친 디자이너들은 확고한 자신의 디자인 세계를 갖게 된다. 레이 가와쿠보의 영향력과 훈련 덕분이자 꼼데가르송의 기업문화 때문일 것이다. 레이는 이를 '꼼데가르송이즘'이라고 부른다(2011 위클리비즈 인터뷰 중).

레이 가와쿠보 품을 떠난 아베 치토세, 후미토 간류, 아이자와 요스케, 아베 준이치, 노조미 이시구로, 타케우치 아키라, 쿠마키리 히데노리, 호리하타 히로유키 등의 디자이너를 '꼼데가르송 키즈

(Kids)'로 부르는 것도 그런 이유다. 이들은 모두 독특한 콘셉트와 유니크한 컬러감을 가진 디자이너로 성장했고 일본의 패션계를 대표하며 동시에 글로벌로 진화하고 있다.

가장 대표적인 디자이너가 사카이(Sacai)의 아베 치토세다. 그는 레이 가와쿠보의 파리컬렉션 참여시 꼼데가르송에서 일하며 블랙임팩트를 세계 시장에 각인시키는 데 함께 한 디자이너다. 본사에서 패터너와 니트웨어 기획자에 이어 준야 와타나베 꼼데가르송 오픈멤버로 일하다 결혼과 함께 퇴사했고 99년 자신의 브랜드 사카이를 론칭했다.

아베 치토세의 남편이기도 한 아베 준이치 역시 꼼데가르송 준야 와타나베 맨 라인의 패터너로 일하다 2004년 자신의 브랜드 '컬러(Kolor)'를 론칭했다. 패턴 봉제 소재의 균형과 독창적인 색채, 참신한 소재로 일본 국내뿐 아니라 해외 유명 편집숍에서 실력을 인정받는 브랜드로 성장하고 있다.

후미토 간류는 2008년 간류 꼼데가르송으로 실험적이면서도 웨어러블한 일상복을 선보였으나 2018년 퇴사해 자신의 브랜드 '후미토 간류'를 론칭했다. 아이자와 요스케는 준야 와타나베 기획생산부를 거쳐 텍스타일 & 기획 어시스턴트로 일하다 2006년 자신이 좋아하는 아웃도어룩을 기반으로 남성복과 믹스된 '화이트 마운티니어링'을 론칭했다.

트리콧 꼼데가르송과 준야 와타나베에서 어시스턴트 디자이너 출신 노조미 이시구로는 98년 퇴사 후 창업해 자신의 브랜드를 론칭했다. 시어터 프로덕츠(Theatre Products)를 설립한 타케우치 아키라, 'beautiful people'을 론칭한 쿠마키리 히데노리 역시 꼼데가르송의 패터너 출신이다. 파리컬렉션의 패턴을 담당하던 호리하타 히로유키도 퇴사 후 일본의 미의식이 가미된 '마토우(matohu)'를 론칭했다.

천재 디자이너 레이 가와쿠보와 '꼼데가르송이즘'

이 디자이너들이 모두 레이 가와쿠보의 직접적인 교육을 얼마나 받았는지에 대해서는 정확히 알 수 없다. 하지만 꼼데가르송은 디자이너를 뽑은 후 패턴 디자인에 투입해 패터너로서의 훈련에 집중적인 교육을 하는 것으로 알려져 있다. 바로 꼼데가르송의 세계관과 콘셉트가 패턴에서부터 시작되기 때문이다.

레이 가와쿠보는 자신의 하우스 안에서뿐만 아니라 외부로도 적잖은 디자이너들을 지원한다. '러시아 붐'을 일으키며 등장 세계 패션계의 주목을 받은 고샤 루브친스키가 제작에서 유통까지 레이 가와쿠보의 경제적 지원을 받은 것은 이미 공히 알려진 사실이다. 꼼데가르송 쇼를 보고 엄청난 쇼크를 경험한 뒤 패션디자이너의 길을 걷게 된 준 타카하시는 일본의 스트리트 문화를 기반으로 '언더커버'를 만들고 레이의 영향력으로 2002년 파리 패션위크에 입성한다.

'레이 가와쿠보 키즈'가 탄생되고 육성되는 배경에는 도버 스트리트 마켓이 있다. 꼼데가르송에서 운영하는 이 셀렉트샵은 꼼데가르송의 각종 라인을 '제대로' 보여주고 전파하는 장소임과 동시에 새로운 디자이너들을 발탁해 데뷔시키는 플랫폼이자 뉴 콘텐츠를 실험하는 일종의 R&D센터이기도 하다. 일본 외에 2004년 런던 1호점 오픈 이후 뉴욕으로 확대, 글로벌 패션 리테일러이자 핫플레이스로 거듭나고 있다.

물론 꼼데가르송에는 카리스마적 존재인 레이 가와쿠보와의 사이에서 쿠션 역할을 하며 밸런스를 맞춰 가는 그녀의 남편이자 인터내셔널 경영을 맡은 사업파트너 아드리안 조프가 있다. 노출을 싫어하고 까탈스러운 레이를 대신한 외부와의 커뮤니케이션도, 도버 스트리트 마켓 운영 역시 모든 감각적인 가이드 라인은 레이가, 그것을 확실하게 실행하는 것은 아드리안의 몫이다.

꼼데가르송의 안팎에서 이렇게 형성된 디자이너들의 에너지는 '일본의 패션'과 '일본의 美'라는 폭넓은 국가 이미지를 만드는 데 결정적인 역할을 한다. 물론 일본은 70년대에 이미 레이 가와쿠보, 요지 야마모토, 이세이 미야케라는 걸출한 디자이너를 글로벌 시장에 배출한 경험이 있다. 이들의 천재성을 알아본 정부의 전폭적인 지원도 물론 큰 역할을 했지만, 이후 이 세 디자이너는 활발하게 활동하며 일본의 국가 이미지를 꾸준히 형성해왔다.

이세탄 백화점을 돌아다니다 언뜻 아주 독특한 콘셉트의 브랜드를 발견하고 판매 사원에게 질문했을 때, '꼼데가르송 출신의 디자이너 브랜드'라는 점을 자랑스럽게 설명하는 것을 종종 경험한다. 그 디자이너가 현재 꼼데가르송 하우스 소속이건 아니건 간에 그 이름 안에는 전 업계적인 자부심이 실려있다.

천재를 알아본 안목, 막강한 글로벌 진출 지원, 이에 부응하는 디자이너들의 변치 않는 노력, 이 세 가지가 합쳐져서 현재 일본 패션디자이너 풀을 풍성하게 만들었고, 이 풍성한 풀에 결정적인 역할을 한 것이 레이 가와쿠보라는 것은 의심의 여지가 없다. 단 한 명의 디자이너가 이런 역할을 한다는 것을 생각할수록 깊은 존경심이 우러나온다.

존재 자체가 콘셉트이며 철학이자 브랜드인 디자이너 기업들은 숙명적으로 이 한계와 유한함 앞에서 세월과 함께 고민한다. 때문에 DNA를 계속 유지하기 위해 매각을 결정하는 것이 대부분이다. 상장 혹은 라이선스 비즈니스 확장을 선택하거나 매각 후 재매각이 거듭되며 실패의 길을 걷는 디자이너도 적지 않다.

마크 제이콥스, 스텔라 맥카트니, 알렉산더 맥퀸… 현대의 탁월한 디자이너들은 대체로 LVMH와 케링 그룹 소속이다. 메종 마르지엘라는 OTB(Only the Brave), 헬무트 랭은 패스트리테일링 소유고 브랜드를 만든 디자이너 마틴 마르지엘라와 헬무트 랭은 은퇴해 아티스트로서의 길을 가고 있다. 질 샌더 역시 OTB, 톰 포드는 에스티로더, 마이클 코어스는 카프리홀딩스, 드리스 반 노튼은 푸

이그(드레스 반 노튼 은퇴), 톰 브라운은 제냐 소속이다. 폴스미스는 주식의 40%를 일본 이토추 상사가 보유하고 있다.

미국 대표 디자이너 도나 카란은 급성장해 12년 만에 상장(디자이너 브랜드 중 최초)하고 2000년 자신의 회사(DKI)와 브랜드를 LVMH에 매각하고 치프 디자이너로 활동했지만, 머지않아 결별했고 결국 LVMH는 브랜드를 G-III 그룹에 다시 매각한다. 이탈리아를 대표하는 디자이너 조르지오 아르마니(34년생)와 미국을 대표하는 폴로 랄프로렌(39년생)은 일찌감치 대기업화의 길을 걸었다. 후계가 없는 노장 아르마니는 프라다 그룹으로 인수되리란 예측이 끊임없이 흘러 나온다.

신뢰와 연대, 공감 속 디자이너 육성 생태계 '부러워'

한국에도 꽤 뿌리 깊은 디자이너의 역사가 있다. 60년대 노라노, 최경자를 시작으로 개화한 디자이너 역사는 전후 아무것도 없는 불모지에서 '패션'을 발아시킨 이들 초기 디자이너를 시작으로 이신우, 진태옥, 박항치, 트로아조, 설윤형 등의 1세대 디자이너 탄생으로 이어진다(이후 서울패션아티스트협의회〔SFAA〕 조직).

1980년대 김동순, 박윤수, 이상봉, 김철웅 등 중앙디자인그룹(JDG) 콘테스트 입상자를 비롯 앙드레김, 루비나, 지춘희 등 2세대 디자이너에 이어 90년대 박춘무, 한승수, 박은경, 안혜영, 양성숙, 우영미, 박윤정, 김서룡 등 뉴웨이브인서울(NWS)과, 심설화, 송지오 등 진보적이고 젊은 디자이너들의 탄생으로 이어진다.

90년대 내셔널 브랜드들이 속속 탄생, 디자이너 브랜드들의 자리를 대체하기 시작하면서 변화가 시작된다. 데코와 텔레그라프, 아나카프리, 타임, 마인, 미샤, 오브제 등 여성 캐릭터 브랜드들이 점점 마켓셰어를 늘리기 시작하면서 백화점의 좋은 위치도 이들로 채워진다. 수입자유화(96년) 이후 디자이너 브랜드들은 위기를 맞이하고 백화점에서 점점 사라지게 된다.

서울패션위크의 활성화로 수많은 디자이너가 배출되고 정부 차원의 지원도 적잖이 이뤄졌지만, 일본이 했던 전폭적인 글로벌 지원과는 비교도 되지 않는다. 게다가 이 지원도 공정성을 명분으로 한 나눠주기식 방식으로, 꽤나 긴 역사에도 불구하고 글로벌 디자이너를 만들어내지 못했다. 순전히 자력으로 글로벌 시장에 자신의 이름을 명확하게 새긴 자랑스러운 단 한 명의 디자이너, 우영미는 기적의 산물이다.

최근에는 온라인 플랫폼을 중심으로 많은 디자이너 브랜드들이 출현하고 글로벌 진출도 활발하지만, 여러 가지 한계가 있다. 최근 몇 기업은 애그리게이터(Aggregator, 아마존, 네이버, 쿠팡 같은 이커머스에서 활동하는 중소형 브랜드를 인수한 후 생산비 절감 등 효율화를 통해 수익을 창출하는 사업 모델) 방식으로 다수의 디자이너에 투자해 몸집을 키우고 있지만, 그것이 패션업에 투자한 것인지 머니 게임인지 구분도 미래도 아직은 불투명하다.

지금 뒤돌아보면 국내에서 꼼데가르송과 같은 기업의 탄생은 아마도 디자이너 브랜드로서 가장 성공적이었던 오브제 컴퍼니 정도에 가능성이 있지 않았을까. 또한 기대감을 놓고 보자면, 패션과 디자이너의 감각에 핵심 가치를 두고 자본까지 충분했던 한섬이라면 이런 기업 형태를 일굴 만도 하지 않았을까.

매각 이후로도 패션업에 대한 아쉬움을 표했다는 정재봉 회장과 문미숙 감사, 새로운 방식의 편집 플랫폼(퀸마마마켓)을 시도한 강진영 사장과 윤한희 감사가 그 주인공이다. 하지만 역사에 'If'란 없다. 자신들의 브랜드를 이미 매각한 그들에게 과거의 씨앗(가능성)을 묻는 것은 무의미하다.

그저 천재 디자이너의 변치 않는 철학, 지속가능한 생태계의 기업을 일구어가는 이들의 노력, 초기에 이를 알아본 정부의 영리하고 전폭적인 지원(물론 지원을 지속하지는 않았다), 그리고 또 두 가지, 자국 디자이너를 존경하고 사랑하는 유통업의 풍토와 이에 부응하는 소비자들, 이런 문화에 대한 부러움만 가득할 뿐이다.

패션 No.1 못하는 삼성,
그리고 사라진 소재기업들

'제일모직'

이 이름을 검색하면 "삼성그룹 계열의 대한민국 제조기업이
었다" 혹은 "옛 삼성그룹(三星) 계열 패션, 의류, 섬유, 신소재 업
체"로 돼 있다. 모두 과거형이거나 '옛'이라는 형용사가 붙어있
다. 이 땅에서 사라진 이름이기 때문이다.

'제일모직'은 삼성 소유의 회사로 이제는 사라진 수많은 기업
들 중 하나다. 원래 대기업들은 세상(산업)의 변화에 따라, 더 엄
밀히 말해 돈 냄새가 나는 시장과 사업을 발견하면 계열사를 만
들었다가 그 트렌드가 사라지면 가차 없이 문을 닫고 또 다른 기
업을 새로 만들곤 한다. 흔히 '문어발'로 비판받기도 하는 '사업
다각화'가 그것이다.

이 다각화는 '주주들의 이익을 위해서', '기업의 성장·발전을 위해서'라는 명분으로 늘 포장된다. 하지만 혹시 '주주들'이라 쓰고 '오너들'이라고 읽는 건 아닐까. 게다가 그 '성장·발전'은 사실일까. 아니 성장(수치적)은 모르겠지만 과연 발전(본질적)일까.

'제일모직'이라는 이름 안에는 80년대부터 2010년대까지 삼성 종사자는 물론 국내 섬유·패션산업에 몸담아온 수많은 사람들의 자부심, 혹은 기대감이 녹아있다. 후발 경쟁기업들을 자극시키는 바로미터로, 그 소재를 사용하는 패션기업들에게는 자랑스러움을 부여해준 이름이기도 하다.

이유는 간단하다. 당시 입밖에 말은 안 했지만 내심 한국 패션산업이 언젠가 1등이 될 수 있으리라는 희망이 내포돼있기 때문이다. '삼성'이라는 브랜드가 세계를 향해 진군할수록, 런던과 뉴욕 한복판 아이폰 플래그십 스토어 근처에 오픈한 삼성전자 매장을 보면서, 뉴욕 출장길 타임스퀘어에 걸린 삼성 광고를 보면서 한국 패션 관계자들은 남모르게 어깨를 으쓱하곤 했다. 일반 국민들이 생각하는 자부심과는 그 결이 살짝 다르다.

그것은 세계 최고를 향하는 '삼성', 한국의 국격을 올라가게 만든 이 이름의 뿌리가 바로 제일모직이라는 뿌듯함이랄까. 삼성 패션사업부가 톰브라운과 메종키츠네, 아미(AMI)를 많이 팔아 사상 초유의 이익을 실현했다는 그런 류의 뉴스와는 근본이 아예 다르다. 오일쇼크와 IMF를 함께 넘는 힘겨운 파고 속에 전교

1등 하는 아이와 동행하고 있다는 동료애…? 경쟁 기업이기도 하지만 동시에 언젠가 한국 패션도 갤럭시폰처럼 특별해질 수 있으리라는 희망과 기대를 품게 하는 끈(?)…? 그것이 바로 '제일모직'이다. 아니 '제일모직'이었다.

섬유에서 시작한 삼성이 저렇게 근사한 글로벌 기업으로 성장했을 뿐 아니라 성장의 뿌리와 날갯죽지(심장은 아닐지언정)에 패션과 패션 소재 기업을 보유하는 한 세계적인 한국 패션 역시 언젠가 이루어질 수 있으리라는 막연한 믿음이 그 안에 있었다.

모두가 착각한 것일까? 2015년 삼성물산과 제일모직이 합병되면서 제일모직이라는 이름이 사라졌고, 경북 구미 모직공장은 2022년 12월 완전히 문을 닫았다. 삼성그룹의 창업자인 이병철 회장이 1954년 설립, 56년 '골덴텍스'를 만들어 국산 양복지를 만들겠다는 꿈을 실현하기 위해 탄생한 제일모직이 원단생산을 시작한 지 66년 만이다.

삼성은 2018년 이후 4년간 누적 적자가 80여억 원에 달해 '부득이하게' 직물 사업을 종료한다고 밝혔다. 그룹의 모태 사업이지만 높은 인건비 등 수입품과의 경쟁력이 떨어진 게 사업 중단의 주요 배경이다. 원단을 만드는 구미 직물 제조 공장은 지난 2014년부터 삼성SDI 구미사업장에 부지를 임차해 직물 사업을 운영해 왔다. 구미 공장의 가동률은 50%대에 불과했다. 인건비는 높은 반면, 가격경쟁력은 뒤처지는 게 냉정한 현실이었다.

'제일모직' 한국 패션 역사와 신뢰 자부심 담긴 이름

제일모직의 역사는 퍽이나 깊고 아련하다. 전후 팍팍하던 시절, 홍콩이나 마카오에서 밀수한 복지로 만든 양복이 너무 비싸 국민들이 입을 꿈도 못 꾸던 때, 이병철 회장이 "고급 모직물을 국내에서 생산해 싸게 공급하자"라던 게 제일모직의 시작이다. 제일모직 양복지가 생산됐을 때 국산 양복은 국가적 자랑이었다. 영국 신사나 마카오 신사에 못지않은 대한민국 신사가 출현했기 때문이다.

모직물 산업이 훨씬 앞서있던 일본의 경험을 빌려 제일모직은 1956년 장미표 고급털실과 골덴텍스 신사복지를 생산했다. 이후 방적 방모 직포공장을 연달아 세워 기틀을 다지고 혼수품으로 인기를 끌면서 골덴텍스는 고급 옷감의 대명사가 됐고, 모직물의 원조국인 영국 런던에도 수출한다.

이 회장도 골덴텍스로 지은 양복을 입고 다니며 국산을 홍보했다고 한다. 제일모직은 삼성물산과 제일제당에 이어 이 회장이 세 번째로 세운 회사다. 그는 삼성그룹 계열사 가운데 유일하게 제일모직의 대표이사로 재직했으며 1987년 별세 전까지 등기이사로 등재돼 있을 만큼 제일모직에 애정을 갖고 있었다.

골덴텍스는 40여 년간 축적된 정밀 방직기술과 제직 가공 염색기술로 세계적인 기술력을 인정받으며 신사복지 시장에서 높은 시장점유율을 확보했다. 양복을 맞출 때 이탈리아 원단 바로 아래 영국산에 버금가는 원단으로 이름이 높았다. 세계 세 번째 순모 120수 복지 원단을 만들어내고, 최고급 태즈메이니아 양모를 사용해 만든 극세번수로 섬세한 외관과 경량감, 착용감이 우수해 세계 명품 시장에서 품질을 인정받은 것도 골덴텍스다.

황금의 양모로 불리는 최상급 양모 1PP(초극세번수 양모로 생산량도 아주 적다)를 확보해 만든 세계적인 명품복지 '란스미어'와 샤리, 캐시미어 등 최상의 희귀 양모들을 소재로 한 '슐레인'은 미주 유럽 시장에서 인정받는다. 국내 신사복지 판매 1위는 물론 미국에서 만드는 신사복 5벌 중 1벌은 제일모직 원단으로 만들어졌다 할 정도로 수출도 늘어나면서 모직물과 토털 패션 선두 기업으로 올라선다.

제일모직은 소재정보실과 섬유마케팅팀을 별도 운영하면서 패션 정보 수집과 소재 기획에서 월등한 우위를 확보하고 있었다. 수많은 경쟁자가 사라진 IMF도 이겨내고 안정된 생산기반과 개발 노하우를 갖추며 의류업체들의 폭넓은 지지를 받았고, 숙녀복지와 편사 파트를 원단컨버터형 비즈니스 모델로 전환하는 등 혹독한 구조조정과 함께 체질 개선을 단행하기도 했다.

공장 내에는 우수한 개발 인력들이 연구진으로 구성된 기술연구소를 갖추고 있어 '초일류기업을 향한 제일모직의 소재개발 비전….'으로 시작되는 신소재 관련 보도자료가 빈번하게 각 매체로 전달되곤 했다. 정기적으로 개최하는 제일모직 소재 전시회는 패션업계 관계자들에게 매 시즌 소재 트렌드의 교과서가 됐고 또 아무나 쓸 수 없는 고가의 소재라 제일모직 소재를 사용한 옷은 고급으로 여겨졌다.

물론 고기능성이나 팬시한 소재에 관한 한 일본과 이탈리아 소재에 대한 선호도가 높았지만, 수입 소재 비중이 커지고 소량 다품종과 차별화가 국내 패션상품의 미션이 되기 전까지 제일모직의 위상은 계속 유지돼왔고, 제일모직에 몸담고 있던 사람들의 자부심도 충만했다.

섬유사업 없애고 수입 패션, 온라인 사업 키운다?

제일모직은 70년대 이후 중국 등이 저가 물량 공세를 시작할 무렵 직물 사업의 수직계열화를 추진한다. 화섬사업 시작, 패션업 진출 등 전방, 후방산업에 진출한 것. 석유화학 분야까지 확장함으로써 원료부터 완제품까지 이어지는 밸류 체인을 완성한 것이다.

하지만 89년 진출한 화학사업이 정상궤도에 진입하자 이후 2000년대부터 섬유 외에 화학산업을 집중 육성하기 시작했다. 2002년 전자재료사업에 참여하고 이 사업이 새로운 성장엔진으로 부상하면서, 다시 에너지 사업으로 핵심사업이 변경되면서 그룹의 사업구조가 재편된다. 이후 핵심사업과 그룹의 지배구조 개편 와중에 제일모직의 패션사업은 삼성에버랜드로, 모직물 제조사업 부문은 삼성SDI로 넘어가 2015년 삼성물산으로 합쳐져 이름마저 사라졌다.

삼성이 섬유와는 완전히 다른 사업체로 이미 변신하고 오너 일가이자 패션을 전공한 이서현 전 패션부문 사장이 빠진(2018년 12월) 이후 삼성 패션사업부는 지속적인 '매각설'에 오르내렸다. 삼성이 패션사업을 더 이상 지속할 의미도, 명분도 없는 데다가 이재용 회장이 패션사업을 탐탁해하지 않는다는 이유가 꽤 설득력 있게 대두됐다.

롯데, 현대, 신세계 등 패션사업을 보유한 유통기업들과 빅딜이 오갔다는 구체적인 소문도 여러 번 오르내렸다. 잔존하던 일부 모직물 생산업은 구미 공장 한 쪽에 남아 가동되다가 이마저도 문을 닫으면서 제일모직의 섬유사업은 완전히 사라진다. 직물 사업을 종료하는 대신 온라인몰과 해외 패션에 투자를 강화한다는 것이 삼성의 방침이었다.

당시 삼성 관계자는 '노동 집약적인 직물 사업은 높은 인건비 탓에 이미 대부분의 기업이 해외로 공장을 이전한 상황이며 삼성물산도 시대 흐름에 맞춰 제조보다 상품 판매에 집중하겠다는 전략을 세운 것'이라고 밝혔다. 이후 수년간 암흑기를 보내온 삼성물산 패션 부문을 기사회생시킨 것은 그들이 공언한 대로 수입 패션 사업이다.

코로나 이후 2023년 삼성의 패션 매출은 2조 510억 원으로 전년 대비 2.5% 증가, 사상 최대 실적을 거뒀고 2년 연속 2조 원을 돌파한다. 적자였던 영업이익은 2000억 원에 육박해 역시 사상 최고의 호실적을 거뒀다. 매출액과 영업이익 모두 늘어난 이런 성과는 엠비오 등 비효율 브랜드 정리, 에잇세컨즈 중국 매장 철수, 모태사업 제일모직 직물사업 정리와 온라인 사업 SSF(삼성패션몰) 강화 등이 주효했다.

특히 삼성이 수입하는 아미, 메종키츠네, 톰브라운, 르메르 등 해외 패션 브랜드들은 전년 대비 고신장했다. 지난 몇 년간 삼성은 자크뮈스, 스튜디오니콜슨, 가니 등 소위 '신명품'으로 일컬어지는 브랜드들을 적극 발굴해 왔고 이들은 젊은 소비층으로부터 인기를 얻는다. 현재 삼성의 수입브랜드 매출 비중은 총 매출의 약 30%로 7000억 정도다.

수입 패션사업과 동시에 에잇세컨즈로 저가시장을 공략, 2023년 3000억 매출을 기록(매장 수 72개 24년 2월 기준)했다. 하지만 삼성이 '이서현표'라는 레이블 덕분에 울며 겨자 먹기로 유지하며 에잇세컨즈에 수년간 투자한 천문학적인 비용을 생각하면 제일모직 구미공장의 '4년간 누적 적자 80여억 원'은 껌값이다. 패스트패션이 '지는 해'라 ZARA도 H&M도 서스테이너블을 외치는 지금, 과연 '시대 흐름'을 명분으로 내세우는 삼성의 논리는 진실일까?

게다가 남의 브랜드에 대한 지나친 의존은 패션사업의 미래

불확실성에 대한 위험부담을 안고 있다. 성장가도를 달리던 톰브라운은 직진출을 선언, 삼성물산 패션 부문과 12년 만에 독점 판매 계약을 종료했다. SI의 핵심 브랜드였던 셀린느를 포함 최근 2~3년 사이 몽클레르, 지방시, 골든구스, 돌체앤가바나, 브리오니, 에트로 등 국내에서 직진출을 선언한 브랜드만 30여 개에 달한다.

현재 국내 패션 시장의 톱에 랭크된 패션 대기업들의 성적표는 대부분이 수입을 통한 영업이익이다. 하지만 수입 중심의 포트폴리오를 가진 기업들의 실적 상승세는 '모래성'이다. 자체 브랜드를 키워 경쟁력을 유지해야 한다는 자성의 목소리도 있지만, 여전히 대기업들은 '돈 되는' 해외브랜드를 찾느라 혈안이다. 이들에게는 긴 안목으로 깊은 우물을 파기보다는 이미 남이 파놓은 우물에서 긴 두레박으로 물을 긷는 것이 훨씬 빠르고 영리한 길이니까.

코오롱의 탈(脫)섬유 노력, 경방 타임스퀘어 쇼핑몰 주력

삼성 외에 섬유산업의 대표주자로부터 시작해 대기업으로 성장한 패션기업들의 상황도 이와 크게 다르지 않다. 1957년 설립돼 63년 국내 최초 나일론 원사를 생산한 코오롱은 71년 국내 최초 타이어코드 사업 시작, 93년 세계 세 번째 인공피혁 생산, 98년 세계 최초 장섬유 초극세사를 생산하는 등 우리나라의 대표적 섬유기업이다. 60~70년대에는 고도성장을 이끌어온 주력기업으로, 이후에는 고부가가치의 기능성 섬유 개발의 선두주자로 코오롱은 스포트라이트를 받아왔다.

코오롱 역시 사업영역을 옮기며 이미지 변신에 주력해왔다. 탈(脫) 화섬업체로의 노력이다. 직물 부문을 분리했고 화학섬유(화섬) 원사 비중도 지속적으로 줄였다. 화섬에서 벌어들인 돈은 고분자 필름, 자동차 소재, 바이오 등 첨단분야에 꾸준히 투자했고 성과도 거뒀다. 코오롱은 이제 화섬업체로 불리는 것을 꺼릴 정도가 됐다. 물론 코오롱FnC의 대표 브랜드 코오롱스포츠는 50년간의 아카이브를 충실히 축적하고 진화해가는 모범적 브랜딩 사례로 인정할 만하다.

경방은 어떤가. 국내 최초의 근대적 방직공장 경성방직은 1919년 우리 자본과 기술로 설립 운영된 최초의 민족기업으로, 해방 이후 국내 면방산업의 성장과 발전에 중요한 역할을 담당해왔다. "우리 옷감은 우리 손으로"라는 창업이념 아래 탄생한 경성방직주식회사가 효시로, 무려 90년의 역사를 갖고 있다.

수출한국의 주역으로 활약한 경방은 90년대 경방유통, 경방어패럴, 경방기계, 경방상사, 한강케이블TV, 우리홈쇼핑 등을 설립, 사업을 다각화해왔다. 2009년에는 영등포 공장 부지에 복합쇼핑몰 타임스퀘어를 오픈, 쇼핑몰로 변신했다. 제2의 창업을 기치로 내건 경방은 현재 유통사업에 주력하고 있지만 라이프스타일이 급변하는 시대에 이도 만만치는 않다.

국내 섬유산업 메카인 대구와 실크의 본산인 진주는 국내 원단 생산량의 절대비중을 차지하던 곳으로, 진주는 한때 세계 5대 명산지로 인정받던 곳이기도 했다. 호황을 누리던 섬유산업이 중국산 저가 원단에 밀리고 여러 가지 한계성으로 1990년대 들어 내리막길을 걷기 시작한다. 이후 90년대 후반 대구 섬유산업 부흥을 위해 10년간 정부 예산이 대거 투입된 '밀라노프로젝트'가 추진되기도 하지만 실패한 사업으로 평가받는다. 이후에도 비슷한 정책사업이 시도되고 있지만 결과는 보이지 않는다. 진주는 2020년 2대째 어렵사리 이어져 온 신화직물이 문을 닫음으로써 끝났다고 봐도 무리가 아니다.

훌륭한 소재 없이 훌륭한 패션은 절대 존재할 수 없다. 한때 '범표데리갈텍스'로 콧대가 하늘을 찌르던 대일산업, 제일모직을 긴장시킬 정도로 품질과 개발력이 뛰어나던 도남모방, 질 좋은 방모 소재로 여성복 디자이너들의 사랑을 받던 유성모직, 삼영모방, 공장 하나 없이 기획력만으로 패션 디렉터들에게 영감을 주던 원단 컨버터 유경텍스타일과 인터텍스타일, 계림….

한때 한국 패션기업들을 단단하게 받쳐주던 이런 훌륭한 소재기업들은 모두 다 사라졌다. 지금의 패션산업은 소재업체들의 눈물 젖은 노력 없이는 절대 존재할 수 없었다는 것에 이 시절을 기억하는 관계자들은 모두 공감할 것이다.

시대 변화와 함께 기업의 주력사업이 변화되는 것은 당연한 일이다. 사라지는 기업이 있고 새로 태어나는 기업이 있고, 오래된 기업이 살아남기 위해 기울이는 자구노력 역시 지극히 자연스러운 일이다. 이런 흐름 속에 적응하지 못한 중소기업이 사라지는 것은 어쩔 수 없다고 치자. 하지만 모든 것을 보유한 대기업들은 모태를 죽여야만 새로운 경쟁력이 생기는 걸까.

아무도 팔 수 없는 곳까지 깊이 우물을 파서 지하암반수를 길어 올려야 진정한 '초일류'는 완성된다. 기업은 혼자만의 아이디어나 힘으로 성장할 수 없다. 설마 현재 자신들의 위상이 스스로의 실력만으로 만들어졌다고 믿는 건 아니겠지. 수많은 협력업체의 도움과 국민들의 사랑을 토대로 이뤄졌다는 것을 잊는다면 역사에 과오를 남기는 일이다.

프랑스의 OEM으로 성장한 이탈리아 패션산업의 핵심은 여전히 이탈리아산 소재다. 비엘라와 플라토, 꼬모에는 여전히 작지만 세계 최고를 생산하는 패션소재 강소기업들이 자신의 길을 지켜나간다. 이들은 어려운 현실 속에서도 여전히 세계 최고급 소재를 생산하며 품질과 자부심으로 일한다. 심지어 오너십이 중국으로 넘어간 적잖은 소재 회사들도 기술자는 모두 이태리인이다.

중국이 인수한 회사들도 '메이드인 이탈리아'의 이름과 가치를 오랫동안 잘 유지하기 위해서 어느 길로 가야 하는지 명확히 알고 있다. 일본은 도레이 같은 초대형 기업은 물론 기능성 섬유에 관한 한 세계 최고일뿐 아니라 대를 이어 가업을 이어가는 소재 기업들이 부지기수다.

제일모직이 지난 80년대 말 롤모델로 벤치마킹하던 일본 도레이사는 최대 규모의 종합 섬유회사로 지금은 세계 초일류기업으로 우뚝 서 있다. 꿈의 소재라 불리는 탄소섬유의 선도기업으로 미국 보잉사에 1조엔 규모의 항공기용 탄소섬유를 공급한다. 50년간 묵묵히 개발에 매진한 결과다.

하지만 도레이는 첨단 소재인 탄소섬유로 핵심업종을 전환한 것이 아니다. 여전히 매출액에서 섬유 비중이 41%나 된다. 섬유회사로서의 본분에 충실해 유니클로와의 협업으로 새로운 비즈니스 모델을 구축, 유니클로가 세계 최고의 패스트 패션기업으로 올라서게 도운 것도 다름 아닌 도레이다.

이탈리아도 일본도 우리와 같은, 우리보다 더 힘든 산업화와 고임금, 인력난의 문제를 모두 거쳐 갔다. 경쟁력이 약화되는 아픈 현실을 우리만 겪은 것은 아니다. 과거 한때 일본이 우리나라와 대만 때문에 섬유산업이 쇠락의 길을 걸었지만, 아직도 남은 기업들이 일본산 소재의 명성을 이어간다. 왜 일본과 이탈리아는 되고 우리는 안 되는가?

잃어버린 보석,
동대문 시장

　《패션비즈》 재직 당시 2016년 토즈의 전 액세서리 디렉터 알레산드라 파키네티를 인터뷰할 때다. 생애 처음 한국을 방문한 그에게 가장 인상 깊었던 장소를 묻는 질문에 그는 단 1초도 망설이지 않고 '동대문 시장'이라고 답했다. 눈을 크게 치켜뜨고 흥분한 어조로 그는 "Fantastic"과 "Unbelievable!!"을 연발하며 동대문 밤시장의 부글부글 끓는 에너지를 보는 순간 "숨이 멎을 뻔했다"라고 답했다.

　줄곧 럭셔리 브랜드에서만 일해온 자신이 경험해온 '그들만의 리그'와는 전혀 다른 놀라운 패션 세상이자 쇼킹한 경험이었다는 것이다. 그는 향후 자신의 커리어를 꼭 럭셔리에만 국한할 필요가 있는지 반문하게 됐다고 털어놓으며 이후에 동대문 시장을 꼭 다시 찾고 싶다고 강조했다.

이미 오래전의 일이지만 이외에도 외국 패션 전문가의 눈에 경이롭게 비친 동대문의 시선을 확인하고 놀라웠던 기억이 여러 번 있다. '우리 옆에 늘 있어 온 소박한 동대문이 이들에게는 이렇게 신기한 곳이구나' 하며…. ZARA가 전 세계 패션 시장을 막 잡아먹기 시작하던 초기의 이야기다. 동대문 시장에서 아이디어와 영감을 얻어 ZARA의 비즈니스 모델을 구상했다는 믿거나 말거나의 속설도 꽤 그럴 듯하던 시절이다. 실제 당시 ZARA와 H&M, 뉴룩, 탑샵 등의 디자이너들은 한국 패션 시장 조사, 특히 동대문 시장을 자주 드나들고 있었다.

해외에서 한식과 K-팝, 패션·뷰티가 주목받기 시작하고 서울이 '쿨 시티'로 부상하던 시기 동대문 시장은 가장 인기 있는 한국 관광 문화콘텐츠로 꼽혔다. 365일, 24시간 불이 꺼지지 않는 곳, 제품 기획부터 디자인·생산·유통이 한 곳에서 이뤄지는 한국형 원스톱 SPA 시스템으로 전 세계가 주목하는 패션산업의 중심지로 주목받기도 했다.

도소매 패션상가 30개, 점포 수 3만여 개, 하루 유동인구 50여만 명에 10만 명의 상인이 24시간 풀가동해 10조 원 연매출을 올리는 곳. 흥인지문 5km 반경 내에서 디자인 기획-소재-생산-판매의 전 과정이 48시간, 빠르면 24시간 만에 초스피드로 이루어지는 곳. 변화하는 소비자의 흐름을 리얼타임으로 읽고 하루 단위로 제품을 디자인, 생산해낼 수 있는 유일무이한 세계 최고의 의류 산업 집적지가 바로 동대문 시장이다.

또한, 이곳은 다품종 소량 생산, 고급 패션을 선보일 수 있는, 세계 시장에서 비슷한 공간을 찾기 어려울 정도로 독특한 경쟁력을 가진 곳이다. 이런 명성에 걸맞게 뱅뱅, 블랙야크, 패션그룹형지, 연승어패럴 등 적잖은 패션기업이 탄생한 요람이기도 하다. 한때 국내 패션 전체 매출의 17%, 한국 의류 수출액의 21%를 담당했고, 한국형 패스트패션의 진수를 보여줄 수 있는 잠재력을 가진 곳으로 촉망받기도 했다.

90년대까지 일본은 동대문 도매상가의 가장 큰 바이어 역할을 했다. 도쿄의 시부야109도 라포레도, 일본 여성복 브랜드인 에고이스트도 동대문에서 바잉해갔다. 당시 서울에서 원단을 고르고 조달하고 곧바로 봉제를 할 수 있다는 것은 동대문 시장의 큰 장점이었다. 주말마다 직접 와서 눈으로 확인하고 핸드캐리로 공수해 가는 경우도 많았다. 중국은 물론 러시아와 대만 등 동남아 바이어들이 열광하는 곳이기도 했다. 한국에만 존재하는 디자인-봉제-판매-유통의 완전체이자 일일생산시스템으로 최고의 전성기를 맞이하고 서울이 주목받기 시작한 2010년대 들어 외국인들의 관광지로도 각광받았다.

그런데 왜 모두 '과거형'인가. 결론부터 얘기하면 현재 동대문 시장은 과거의 영화를 잃고 갈림길에 서 있다. 더 솔직하게 얘기하자면 '지는 해', 아니 이미 '저문 해'일 뿐이다. 디자인과 품질의 저하와 글로벌 SPA 브랜드의 성장, 중국의 빠른 추격, 온라인 시장의 확장과 지방 상권의 붕괴 등으로 회생불능의 위기에 처해 있어 과연 다시 살아날 수 있을 것인가가 불투명하다.

한국 패션 역사의 한구석에 늘 존재한 동대문 시장, 아니 표현을 바꿔야겠다. 동대문 시장은 한국 패션보다 더 먼저 탄생했다. 오히려 120여년이라는 시간 동안 한국 역사 속에 국민의 애환과 함께 해왔다. 일제강점기 일본산 면직물 포목상으로, 전후 미군 군복을 수선해 팔던 피난민들의 삶의 터전으로, 가정과 양장점의 원단 구매처로, 고도성장기 피복산업 메카로, 의류 산업 성장기에 거대 패션 집적지와 브랜드 탄생의 요람으로….

패션산업 성숙기에는 창업의 메카이자 트렌드 발신지로 동대문 시장은 한국 역사 굽이굽이 존재했다. 특히 누군가 의도적으로 기획해 성장해 온 게 아니라 늘 스스로 외부환경의 변화에 따라 때로는 혼돈의, 때로는 질서의 역사를 거듭하면서 계속 진화해왔다. 참으로 신기한 DNA를 가진 생명체가 아닐 수 없다.

한국 패션보다 먼저 탄생한 자생적 역사와 DNA

1905년 종로5가 광장시장의 설립과 함께 재래시장으로 출발한 동대문 시장은 1961년 평화시장 개장으로 본격화된다. 전쟁후 피난민들이 재봉틀로 만든 옷을 팔던 평화시장은 1970년 국내 최대의 원단 부자재 시장인 동대문 종합시장의 설립으로 전기를 맞는다. 시장 내 원·부자재 공급이 활성화되면서 의류생산에 필요한 원단 및 부자재의 안정적인 공급이 가능해짐으로써 대량생산이 가능한 원스톱 생산 프로세스를 갖추게 된다.

이후 남대문과 동대문은 국내 의류 생산유통의 70% 비중을 차지하고(이 시기는 아직 남대문이 우위 점유) 90년대 아트프라자의 성공은 동대문의 역사를 새롭게 쓰는 계기가 된다. 이후 동대문은 남대문으로부터 패션주도권을 가져오게 된다. 캐주얼화 붐을 타고 가격경쟁력과 품질, 디자인이 탁월한 캐주얼을 내세우면서 아트프라자는 빅히트를 치고 동대문은 의류 단일시장으로 최고 자리에 올라섰다.

아트프라자 성공 이후 이를 벤치마킹한 디자이너스클럽(94년), 우노꼬레(96년), 팀204(94년), 거평프레야(96년), 혜양엘리시움(97년), APM(99년), 누존(2000년) 등 패션상가가 속속 오픈했다. 재래시장으로 불리던 동대문시장이 현대화의 물결을 탔고 지방 소매상들의 편의를 제공하는 도매상가로서 지방 상권과 함께 발전한다.

동대문의 2차 전성기를 이끈 것은 밀리오레다. 98년 IMF 속에 등장한 밀리오레는 많은 이들의 우려를 불식하며 한국 패션유통의 새 모델을 제시한다. 파격적인 영업시간(18시간)과 도매 중심 동대문에 최초의 소매 상권 형성, 공격적인 마케팅, 무엇보다 감각과 실력으로 무장한 실력 있는 벤처상인들이 몰려들어 성공 스토리가 쏟아져 나오면서 히트를 기록한다. IMF 이후 합리적 구매를 선호하는 소비자들의 욕구와 맞아떨어지면서 동대문은 패션의 메카로 등극한다.

밀리오레 이후 프레야타운, 두산타워(이하 두타), APM까지 연이은 상가는 특히 멋진 외관과 인테리어, 소매 위주의 패션몰, 백화점 같은 마케팅과 이벤트로 수많은 젊은이들을 동대문으로 빨아들였다. 특히 두타는 정찰제와 신진 디자이너 매장 유치 등으로 정책적인 변화를 이끄는 데 기여했다. 의류에 관한 모든 것이 모여 있고, 봉제공장 역시 차로 10~20분 거리에 있기 때문에 매일 신상품이 쏟아지고, 하루 단위로 리오더가 완성되는 동대문은 밤에도 지지 않는 거대한 패션 쇼룸이었다.

밀리오레 이후 어두운 그림자가 드리워지기 시작한다. 밀리오레에 이어 누존 등 도소매 상권을 막론하고 현대식 쇼핑몰들이 우후죽순 늘어난다. 밀리오레는 명동, 부산, 대구, 광주, 수원 등 전국 체인망을 구축, 신화를 이어가는 듯했지만, 전국 유사 쇼핑몰 상가가 불과 3년 만에 80개 이상 들어선 이후 절반 이상이 영업을 포기한다. 2002년 '동대문 패션타운'은 관광특구로 지정되지만 2003년 청계천 복원공사가 시작되면서 상권 하락세가 시작된다.

2010년대 들어 인터넷 쇼핑몰과 대형 의류업체들의 아울렛 매장 등 가격 인하 공세와 ZARA, H&M, 포에버21 등 트렌디한 해외 SPA 브랜드가 대거 진출하면서 동대문 의류시장 침체가 본격화된다. '싸고 빠른' 동대문의 경쟁력에 글로벌 브랜딩까지 얹은 패스트패션이 소비자들을 빨아들였기 때문이다. 2014년 새로운 랜드마크 DDP 완공과 이곳에서의 서울 패션위크 개최로 잠시 동대문이 주목을 받긴 했으나, 2000년대 초반의 영광은 모습을 감추고 있었다.

동대문 역사의 쇠락은 부동산 상가건설 역사와 밀접하게 연결돼있다. 2000년대 초반의 상가 붐은 약이 아니라 독이 됐다. 수요(상인)보다 공급(상가)이 늘어나면서 공실률이 높아지고 사양화의 길을 걸었다. 저가 중국 상품의 공세와 온라인 플랫폼 활성화 사이에서 동대문은 죽어가는데 상가 건설은 계속된 것이다.

헬로apM(2007년), 굿모닝시티(2008년), 라모도(2006년), 패션TV 등 쇼핑몰이 파행으로 이어졌고 몇 년간 잇따라 전국에 개장한 지방 밀리오레형 매장들도 실패와 법정소송, 매각에 휘말렸다. 미분양 상태에도 신규 상가가 들어서는 악순환으로 임대료는 계속 올라 상인은 줄어드는데 개발업자들은 분양 이익만 챙겨 떠나고 과잉공급에 따른 피해는 고스란히 상인들이 떠안았다. 임대료 상승은 신진 디자이너들의 시장 진입에 장애 요소가 되면서 경쟁력 상실로 이어졌다. 콘텐츠와 에너지가 사라진 동대문에 덩그러니 부동산(상가)만 남았다.

콘텐츠 에너지 사라진 '수익형 부동산', 기형적 쇼핑몰

과거 밀리오레와 두타 등 동대문의 성공신화는 현대화된 상가건축과 마케팅의 영향이 크다. 하지만 결국 핵심은 건물이 아니라 그 안의 디자인, 콘텐츠, 시스템 등 소프트웨어다. 패션몰이 자생적 콘텐츠 발신지가 아니라 '수익형 부동산'으로 변질될 때 경기가 침체되면 상가는 투자자들에게 애물단지로 전락한다. 경기는 늘 오르락내리락하기 마련인데 이 파고를 이겨낼 에너지가 없으니 당연한 일이다.

동대문이 동아시아 최대 도소매 유통기지라는 네이밍을 잃기 시작한 가장 직접적인 이유는 중국의 가격경쟁력에 밀려 일본, 대만, 러시아 등지의 바이어가 떠났다는 점이다. 하지만 그보다 앞서 동대문 시장에 가장 열광하던 중국 바이어들이 떠난 이유는 더 이상 이곳에 새로운 디자인과 신상품들이 나오지 않기 때문이다. 벤처 정신이 사라진 것이다. 사드 사태 등 정치적인 이유는 문제의 뇌관일 뿐 근본적인 원인은 아니다. 진짜 좋은 상품이 있는 곳은 바이어들이 반드시 찾아온다.

가격경쟁력을 이유로 중국 생산을 빠르게 늘려가는 동안 동대문의 디자인 생명력과 빠른 개발력도 급격하게 사라져갔다. 중국 광저우 도매시장으로 옮겨 매장을 내기 시작한 상인들이 현지 생산 현지 판매 시스템으로 전환하면서 동대문은 급격하게 공동화된다. 광저우 시장이 성장하는데 동대문이 자양분을 적극 공급한 격이다.

처음엔 바이어로서 동대문에 열광하던 중국인들은 동대문 상인들을 광저우로 적극 유치해갔고 오래지 않아 그들은 동대문보다 더 우수한 광저우 도매시장을 완성했다. 이제는 오히려 동대문 업체들이 광저우 시장에 가서 카피하는 형국이자 동대문이 중국산 소매시장으로 전락한 것이다. 바이어들의 발길이 끊기는 것은 자연스러운 일이다.

국내 유통도 빠르게 변화했다. 백화점과 재래시장(동대문)으로 이원화돼있어 자기들끼리만 경쟁하던 형태에서 할인점, 홈쇼핑, 아울렛 등 중저가 의류판매의 저변이 넓어지고 지방 상권도 백화점 지역점과 아울렛, 마트의 패션 강화, 내셔널 브랜드의 아울렛 상품 활성화 등으로 붕괴되면서 지방 소매상들도 사양화의 길을 걷게 된다. 도매시장 고객도 사라지고 도매상과 소매상의 구분도 점차 약화된다.

생산 여건도 악화일로를 걸었다. 과거 동대문의 일일 생산시스템을 가능하게 한 동대문 주변의 봉제공장들은 재개발 붐과 봉제업에 대한 편견, 인건비 상승으로 사라지거나 약화되고, 대규모 오더를 소화할 수 있는 공장들은 폐업하거나 중국으로 이전했다. 이제 가내수공업 형태에 불과한 공장들만 근근이 남은 상태다.

온라인 쇼핑몰, 플랫폼의 등장으로 소비자들의 발품이 사라진 것도 한 이유다. 밤시장을 샅샅이 뒤지던 소비자들이 모니터 앞에서 신상을 뒤지게 됐다. 일반 소비자들은 가격 비교를 하며 온라인에서 놀며 쇼핑을 즐긴다.

해외 바이어들이 떠난 동대문 상인들의 갭을 메꿔준 것은 온라인 초기 신생 기업들이다. 동대문 제품을 온라인으로 옮긴 패션 시장이 급성장하면서 사입한 상품들을 브랜드화해 판매하는 플랫폼 지그재그, 에이블리, 브랜디 등이 활성화되면서다. 다품종 소량생산이 가능한 동대문 시장의 강점을 활용해 수많은 스몰 브랜드, 인디 디자이너들이 밤낮으로 수많은 디자인 상품을 만들어냈다.

한 군데 집적화된 공간에서 기획 생산 판매, 제품디자인 제작 유통까지 한 방에 이뤄지는 장점을 활용한 것이다. 하지만 완제품을 사입해 팔던 스몰 브랜드들도 규모가 커지면서 가격경쟁과 차별화를 이유로 중국 제품을 사입하고 직접 디자인과 중국 현지 생산으로 전환했다. 동대문의 필요성이 점점 약화되는 동일한 수순을 밟는다.

한때 한국 패션 실리콘밸리, 벤처 상인의 열정과 꿈

동대문은 자생적으로 생겨난 시장으로 다양한 사람들이 모여 각개전투하는 곳이다. 일원화된 조직체계나 소통창구도 없지만, 오랫동안 거대한 혈관에서 피가 돌듯 살아 움직여온 곳이다. 과거 이곳이 한국 패션의 실리콘밸리로 부상한 것은 감각 있는 디자이너들과 벤처 상인들이 끊임없이 몰려들었기 때문이다.

젊고 참신한 열정을 가진 신진 디자이너들의 해방구로 불리는 창업 열기가 동대문 시장과 만나 폭발했다. 다양한 상품, 발 빠른 디자인 개발로 동대문 시장 전체가 하나의 쇼룸으로 부각된 것. 소자본으로 창업이 가능한 데다 소비자들의 반응을 리얼타임으로 반영할 수 있고 회전율도 빨라서 노력하는 만큼 보상도 따르는 곳. 1만 명 이상의 디자이너들이 디자인 감각을 무기로 열정과 꿈을 키워 성공했다.

자기만의 기술과 아이디어로 생산해 판매하고 스스로 책임지는 동대문은 완전히 오픈된 경쟁 체제 속에서 최선을 다하지 않으면 살아남을 수 없는, 그야말로 디자이너들의 각축장이자 스릴 넘치는 곳이다. 결국 이 자생적 에너지가 무엇과도 대체될 수 없는 동대문의 제1 조건인 것이다.

신용남 전 동타닷컴 대표의 〈2005 동대문백서〉에 따르면 동대문시장의 제1의 물결을 광장시장의 태동, 평화시장을 제2의 물결(56년 소요), 아트프라자를 제3의 물결(29년 소요), 밀리오레를 제4의 물결(8년 소요)로 규정하며 3~4년 내에 제5의 물결이 일지 않는다면 더 이상 동대문은 희망을 논할 처지가 아니라 역사의 뒤안길로 사라질 운명에 놓였다고 썼다.

이 백서가 발표된 2005년 이후 20년이라는 세월이 흘렀고, 아직도 그 물결은 보이지 않은 채 동대문은 쇠락의 길을 걷고 있다. 게다가 지난 시간은 동대문뿐만이 아니라 디지털화로 인해 모든 산업이 엄청난 속도로 변화해온 시기다. 동대문 시장에도 도매시장의 콘텐츠들을 디지털화하려는 적잖은 스타트업들의 시도가 있었고, 실패도 반복됐고 그 노력은 현재도 진행 중이다.

신 대표는 이 다섯 번째 물결을 일으킬 상가의 조건에 대해 세 가지 조건을 제시했다. 첫째, 상가의 목적이 단순 부동산업 혹은 부동산 임대업에서 탈피해야 하고, 둘째, 중국 및 내셔널 브랜드와 경쟁할 수 있는 솔루션을 탑재해야 할 것, 셋째, 동대문의 최대 장점인 산업집적지 기능을 충분히 활용해 세계 패션 시장을 향한 솔루션이 있어야 할 것이다.

위 3가지에 한 가지를 더하자면 디지털화를 통해 세계로 발신할 플랫폼으로서의 구조 구현이다. 물론 아직 동대문을 평정한 플랫폼은 나오지 못했지만, 도소매를 연결하는 B2B플랫폼 등 몇 개의 스타트업은 유의미한 성과도 있었다. 이런 디지털 도구를 활용해 글로벌과 연결된다면 아직 동대문시장의 활로를 찾을 가능성은 남아있다고 볼 수 있다. 물론 동대문 시장에 창의적인 에너지가 활성화된다는 전제 아래서다.

파리의 패션 홀세일 시장 상티에(SENTIER)도 사라졌고, 로스앤젤레스의 자바 시장도 역대급 위기에 놓여있다. 삶의 질이 향상되면 정책적, 의도적으로 지키지 않는 한 재래시장은 사라지는 법, 전 세계 도매시장이 비슷한 양상이다. 쿠카이, 모르간, 레꼬팽, 타라자몽, 폴엔조 등 상티에 출신으로 글로벌화에 성공한 브랜드들의 명암도 엇갈린다. 자바 시장에서 탄생, 한때 미국을 대표하는 패스트패션으로 이름을 날리던 한인기업 포에버21도 파산신청에 이어 매각됐다.

동대문의 제1 조건인 창작 에너지와 그 도구가 돼야 하는 디지털, 이 2가지 조건을 만족시킬 수 있는 주체는 과연 누구일까. 그 키는 열정과 꿈을 가진 벤처 상인일 텐데, 과연 지금 이들이 동대문에 매력을 느낄까? 답은 매우 회의적이다. 100년 넘게 스스로를 성장, 진화시켜 온 한국 패션의 보석, 어쩌면 한국 패션에서 가장 글로벌에 가까이 갔던 동대문이란 브랜드는 빛바랜 역사로만 남게 되는 걸까?

패션 유통 진화인가?
종말인가?

1883년 에밀 졸라는 《여인들의 행복백화점》이라는 소설에서 백화점을 '여성의 마음을 빼앗는 쇼윈도 너머 보이는 꿈의 세계'로 표현한다. '현대 상업의 성전(성당)'이라 비꼬기도 했다.

이 표현은 현대에도 유효한 것 같다. 기업(만드는 자와 파는 자)의 욕망과 소비자의 욕망이 만나 뜨겁게 타오르고 분출되는 장소가 바로 백화점 아닌가. 화려하고 합리적으로 보이지만 사실 그 껍질을 걷어내고 나면 거기엔 인간의 욕망이 남는다. 만약 백화점이라는 시스템이 나타나지 않았다면 패션을 비롯한 대부분의 소비재 산업은 지금의 형태가 아니었을 수도 있다. 그만큼 근대 도시화와 산업화의 과정에서 백화점의 출현은 도시의 모습과 사람들의 삶을 바꿔놓았다.

산업혁명과 부르주아의 시대, 대량생산으로 물건이 풍요해지고 도시로 사람들이 몰려들며 점점 자신을 과시하고 싶은 욕망이 폭발하던 시대, 1838년 세계 최초의 백화점인 오봉마르셰(Au Bon Marché, 르봉마르셰의 전신)를 만든 비도 형제와 동업자 부시코 부부는 아마도 비즈니스 면에서 천재였을 것이다(동업하다 오봉마르셰를 인수해[1852년] 성장시킨 것은 부시코 부부다). 이들은 어떻게 사람들을 유혹할 만한 물건을 한곳에 모아 판매하는 소매 시스템을 생각해냈을까?

미국에선 1858년 메이시 백화점이 최초이고 국내의 경우 1906년 일본 미츠코시 백화점의 서울 지점(미츠코시는 일본 최초의 백화점이기도 하다)이며, 한국 최초의 민족자본 백화점은 1931년 화신백화점*이다. 화신은 화재와 6·25전쟁에도 명맥을 유지해왔지만, 과도한 투자와 물자 부족, 화재 등으로 경영의 어려움을 겪다가 1980년대 문을 닫았다. 해방 이후 1954년 미도파, 55년 신신백화점에 이어 63년 일본 백화점 미츠코시의 경성점이 출발인 동화백화점의 모회사 동방생명을 삼성그룹이 인수하면서 신세계백화점으로 상호를 바꿨다.

우리나라에 대형백화점이 본격적으로 등장한 것은 1970년대 후반부터다. 경제발전과 함께 생활 수준이 향상되면서 소비자들의 인식도 달라졌으며 백화점 운영은 활기를 띠었다. 1979년 서

---

* 화신백화점 창업자 박흥식은 친일파 기업인으로 해방 후 반민족특위 1호로 체포됐다.

울 소공동에 롯데백화점이 문을 열면서 1980년대 백화점 경쟁
체제가 시작됐다. 80~85년에는 롯데, 신세계, 미도파 세 백화점
이 마켓셰어를 형성하며 안정적인 성장을 이뤘다.

1985년에는 서울 압구정동에 현대백화점, 반포에 뉴코아백
화점이 들어선다. 84~87년에는 부도심 지역에 현대백화점, 그
랜드백화점, 뉴코아 신관, 여의도백화점 등이 잇따라 개점하며
90년대는 호황기를 맞아 백화점의 대형화, 다점포화 열기가 뜨
거웠다. 88년 롯데 본점 영플라자(구 미도파 백화점), 명품관의 대
규모 쇼핑 타운이 완성되고 잠실점의 추가 개점과 신세계 미아
점, 현대 무역센터점 오픈과 동시에 명동 중심에서 강남, 잠실,
영등포, 부산 같은 부도심과 지방으로 상권이 확대된다.

1988년 백화점의 총매출액이 1조 원을 넘음으로써 명실공히
가장 중요한 유통으로 우뚝 섰다. 중소업체들까지 우후죽순 뛰
어들면서 90년대 초반 백화점 춘추전국시대를 맞이하고 1996년
전국에 106개의 백화점이 개점된다. 90년대 중후반에는 93년
창동 이마트를 기점으로 할인점이 탄생하고 이어 아울렛, 편의
점 등이 출현한다.

94년 당산동 2001아울렛으로 패션아울렛 시대가 개막되며,
94년 양평동 신세계 프라이스클럽, 95년 잠원동에 창고형 할인
점 뉴코아의 킴스클럽까지 다양한 업태의 유통점이 오픈한다.
수요의 중대에다 서울, 부산 지하철 개통, 외곽지대 주택가 건

설 등으로 백화점 유통 확장도 당시에는 자연스러웠다. 하지만 1997년 IMF 경제위기로 백화점들 중 경쟁력 없는, 특히 중소 지역백화점들은 점차 자연스럽게 퇴출된다. 홈쇼핑 시장은 오히려 IMF를 기점으로 급성장해 1998년부터 2001년까지 연평균 성장률이 87%에 달한다.

90년대 백화점의 대형화, 다점포화, 할인점, 아울렛 출현

한때 백화점 쇼핑은 상류층의 전유물로 서민들에게 동경의 대상이던 시절도 있지만, 소득과 생활 수준이 향상되면서 백화점도 대중화된다. 2000년대 들어 상류층을 위한 명품관을 특화하고 젊은 층을 타깃으로 전문관을 만들거나 복합쇼핑몰로의 변신도 물꼬를 트기 시작한다. 롯데백화점(2003), 현대백화점(2009)이 20대 전문관인 영플라자, 유플렉스를 별도로 마련하고 10~20대를 겨냥한 제품을 특화한다.

90년 9월 갤러리아백화점이 국내 최초로 '명품관' 이름을 달고 재개장한 이후 수입시장이 급성장하자 2000년 들어 명품관 경쟁에 불이 붙는다. 2004년 신세계 본점에 이어 롯데 본점의 애비뉴엘 오픈, 현대백화점도 질세라 명품을 강화한다. 2000년 초반 중국인 관광객들로 국내 주요 백화점들이 호황을 맞았으나, 이도 잠시다. 디지털화의 흐름 때문이다.

2010년 이후 온라인 유통이 늘어나고 각종 오픈마켓과 쿠팡의 출현으로 백화점은 점차 위기를 맞게 된다. 온라인 사업이 부진하고 O2O(Online to Offline) 준비가 안 된 탓에 백화점은 점점 소비자들의 시선에서 멀어진다. 코로나 기간 동안 해외여행 대신 명품쇼핑을 선택한 소비자 덕분에 성장하기도 했지만, 지금 가장 큰 권력은 온라인 리더들에게 넘어갔다고 해도 과언이 아니다.

국내 백화점과 패션산업은 독특한 구조로 함께 성장해왔다. 백화점이 좋은 입지에 건물을 세우고 고객을 불러 모아 마케팅을 대신하는 플랫폼 역할을 하면 그 안에서 브랜드들은 좋은 상품을 기획해 만들어 백화점을 채우는 식이다. 즉, 국내 패션기업들은 백화점과 상호 역할을 분담해 함께 성장해왔다.

해외의 경우 리테일러가 상품을 매입해서 판매하는(재고 부담을 유통에서 갖는) 형태라면, 우리나라는 리테일러(백화점)가 지은 건물에 브랜드들이 매장을 임대하고 수수료를 내는 식이다. 즉, 상품기획, 생산, 판매는 물론 재고 부담을 각 브랜드가 갖는다. 물건을 만드는 측과 파는 측이 서로 역할을 분담, 만드는 측이 좋은 상품을 만드는 데 집중하고, 파는 측은 장소와 시설, 집객과 서비스에 집중하는 것. 한때 상품의 직매입 비중이 높은 해외 백화점들이 고성장과 장악력을 계속 유지하는 한국의 선진(?) 유통기법을 배우자며 견학을 오던 시대도 있다.

빅3로 불리는 롯데, 신세계, 현대는 국내 패션 역사와 거의 한

몸이다. 특히 롯데는 맏형으로서 국내 유통의 대부분의 기준을 먼저 세우면 다른 백화점들이 이를 따라가는 식이다. 오래동안 매출이나 규모 면에서 앞서 있었고 대중 백화점으로서 가장 폭넓은 소비자를 대상으로 가장 많은 국내 패션 브랜드와 콘텐츠를 품어줬고, 그들이 성장, 발전하는 데 중요한 역할을 했다. 한 브랜드가 탄생해서 성장하기 위해서 롯데백화점은 피할 수 없이 선택해야 하는 유통이었다. 롯데를 기반으로 성공하고 거대 규모가 된 패션기업이 적지 않다.

현재 롯데는 대중 백화점이란 콘텐츠에서 멀어진 게 사실이다. 가장 점포 수가 많은 만큼 롯데는 친근함과 다정함, 언제나 곁에 있는 친구 같은 이미지를 견지해 왔다. 이것은 대중 백화점이 꼭 가져야 하는 좋은 덕목임에 틀림없다. 고급화, 차별화라는 명분의 빅3 간 명품경쟁을 필두로 롯데는 장점을 버리고 '프리미엄'이라는 콘셉트를 향해 질주해왔다.

롯데, 신세계, 현대, 빅3 유통, 한국 패션 성장의 견인차 역할

신세계 백화점은 체계화되고 신뢰할 수 있는 전문가적 이미지로 유통의 바로미터를 완성했다. 신세계가 해온 많은 기여 중 백화점업의 고급화와 수입브랜드에 대한 기여는 빼놓을 수 없다. 수많은 해외 브랜드들을 도입해서 국내에 정착시킨 것도, 편집숍 '분더샵'을 통해 새로운 유통의 가능성을 검증해준 것도 신세계다. 신세계인터내셔날이라는 대체불가능한 계열사이자 핵심 파워를 가졌기 때문이지만, 이러한 모든 것은 신세계였기 때문에 가능했다.

많은 전문가와 인재를 배출하고 국내 유통에 신선한 가이드라인을 제시하며, 새로운 MD 방향을 앞서 제시한 것도 신세계다. 식품관의 콘텐츠화는 의식주 라이프 중 패션에서 시작한 국내 유통이 푸드 콘텐츠를 통해 집객하고 백화점이 고급화할 수 있다는 것을 실증해줬다.

신세계가 유통사관학교라고 불리는 이유는 명확하다. 한때 신세계에는 '신세계 스피릿'이라는 반듯하며 학구적인 이미지가 있었다. 이로 인해 많은 패션 유통 관계자들은 신세계 바이어들을 인정하고 존중했으며 존경했다. 하지만 언제부턴가 신세계 스피릿의 흔적을 찾기 어렵다. 신세계 역시나 자신들이 오랫동안 쌓아온 덕목 이외에 고급 프리미엄 백화점에만 목숨을 건듯하다.

현대백화점은 후발주자지만 최근에 백화점 유통의 새로운 방향성을 제시한 백화점으로 인정할 만하다. 현대백화점이 보여준 '더 현대'는 MZ 소비자들의 가능성과 실질적인 구매력을 보여줬고 백화점 '입지'의 통념도 뛰어넘었다. 이것은 한국 백화점의 방향성을 바꿔놓는 쇼킹한 사건이었다. 가장 중요한 것은 'MZ세대들은 백화점에 관심이 없다'라는 정설을 깨고, 백화점에 매력적인 것이 없기 때문에 오지 않는다는 사실을 입증했기 때문이다.

여의도 더현대에서 증명된 많은 콘텐츠들은 이를테면 새로운 개념의 편의점 '나이스웨더', 'BGZT(번개장터 매장), 이미 MZ세대들의 성지로 인정받았지만 백화점에 처음 입점한 '포인트오브뷰', 다양한 형태의 편집샵 등 너무나 많다. 쿠어, 인사일런스 등 스트리트 브랜드, 디자이너 브랜드들에게 널찍한 매장을 할애하는 시도는 매우 실험적인 것이었음에도 성공적인 결과로 나타났다.

이 콘텐츠를 판교점과 다른 지역 백화점으로 '적용 & 현지화'하며 현대백화점은 계속 성공을 이어가고 있다. 이를 기점으로 타 경쟁 백화점들이 스트리트, 디자이너 브랜드들을 대거 백화점에 유치하게 하는 MD의 전환점을 가져오기도 했다. 최근 현대의 또 한 가지 기여는 국내 브랜드들을 해외로 진출시키는 플랫폼 역할이다. 일본, 태국 등 해외 현지 리테일과 손잡고 한국 패션 브랜드의 글로벌 진출을 지원해 기대를 모은다.

한국 패션유통 역사에서 패션과 백화점의 이상적 관계를 형성한 모델 케이스로 초기의 갤러리아 백화점을 들 수 있다. '명품관' 이름으로 최초 등장한 갤러리아 명품관은 샤넬, 루이비통, 까르띠에, 구찌 같은 럭셔리 브랜드들을 처음 '제대로' 선보였다. 후발주자로서 수입브랜드와 차별화 콘텐츠 두 가지를 전략 포인트로 설정, 60%는 수입브랜드에, 나머지 40%는 국내 다른 백화점이 주목하지 않은 뉴 콘텐츠에 승부를 건다.

각 층의 바이어들은 모든 섹션에서 새로운 콘텐츠에 주력, 백화점에서 만날 수 없는 숨은 실력자들이 발굴됐고, 덕분에 갤러리아는 뉴 브랜드가 데뷔하는 요람의 역할을 했다. 이때 소개된 수많은 브랜드들이 갤러리아의 검증을 거쳐 롯데와 신세계, 현대로 확장해나갔다. 한국 패션유통 역사상 당시에 갤러리아가 했던 역할은 아름다운 기억으로만 남아있을 뿐, 현재 갤러리아 유통사업은 존재감이 약화되고 당시의 용감무쌍함은 흔적도 보이지 않는다.

무신사의 초고속 성장과 마켓컬리, 오늘의집, 번개장터도…

한국 패션유통은 오랫동안 백화점과 대리점으로 대표돼왔다. 교복 자율화 이후 이랜드를 통해 급성장한 대리점 프렌차이즈 유통 형태도 백화점과 패션처럼 제조역할과 판매역할의 완벽한 분담제다. 대리점은 제조사에서 만든 물건을 매장과 서비스를 매개로 소비자들에게 대신 판매해주고 메이커로부터 그에 상응하는 보상을 '대리점 마진'이라는 형태로 받게 된다.

대리점은 브랜드와 상권 등에 따라 마진율이 상이하지만, 백화점 수수료에 비하면 훨씬 낮다. 때문에 브랜드 입장에서는 백화점 판매분에 비해 수익성이 높지만, 대리점주 입장에서는 매장 임대료와 판매사원 인건비가 지속적으로 상승하고 있어 매장 운영이 점점 더 힘들어지는 상황이다. 게다가 메이커에서 일방적으로 공급하는 상품의 단순 판매는 복잡하고 파편화된 지금 소비자들의 욕구와는 맞지 않는다. 디지털 시대 온라인의 영향도 대리점 유통의 앞날을 불투명하게 한다.

현재 국내 패션 유통에서 가장 중요한 존재는 무신사다. 디지털화라는 거대한 흐름 속에 시대적으로 딱 맞아떨어진 플랫폼으로써 이들은 싹을 틔우고 있던 국내 스몰 브랜드들을 플랫폼에 얹어 놀라운 속도로 성장했다. 디지털화와 팬데믹이라는 두 가지 시대적 환경은 무신사를 유니콘 기업으로 키웠고, 무신사는 거대 유통으로 성장했다.

이제 백화점에서 해온 그 역할을 온라인 플랫폼에서 대신해 가는 흐름이다. 백화점과 함께해온 1세대 패션기업들의 세력이 약화되면서 세대 교체가 이뤄지는 요즘 패션 브랜드들에게 메이저 유통은 쿠팡, 네이버, 무신사다. 이들 외에 버티컬 패션몰인 W컨셉, 29cm와 지그재그, 에이블리, 브랜디, 와디즈 등도 형태는 조금씩 다르지만 역할은 비슷하다. 카테고리별로 다양한 버티컬 플랫폼의 성장도 눈부시다. 식품의 마켓컬리, 리빙의 오늘의집, 수입 명품거래 플랫폼들과 함께 번개장터, 크림, 당근마켓과 같은 중고거래의 급성장도 이 흐름 속 중요한 트렌드다.

이런 가운데 P플랫폼(Product Platform)의 등장도 간과할 수 없다. P플랫폼은 제조사로 변신해 PL(Private Label)에 주력하는 온라인 플랫폼을 의미한다. 패션에서 뷰티, 리빙으로 카테고리를 빠르게 넓혀가는 무신사스탠다드나 마켓컬리(컬리스), 쿠팡(PL 전담회사 설립 17개 PL 운영)의 경우 손대는 순간 매출이 급성장하는 것을 확인할 수 있다. 데이터를 기반으로 영리하게 제조, 판매하는 이들의 파워가 놀라울 정도다.

이런 흐름은, 유통은 제조를 향하고 제조는 유통을 향하는 거대한 대전환기를 의미한다. 이제 세상에서 크건 작건 중간자의 역할은 점점 사라지고 있다. 결국, 국내, 아니 전 세계의 모든 전통적인 오프라인 유통이 현재 도전 앞에 서 있다는 것을 부정할 수 없다. 무엇보다 봉마르셰 탄생 이후 지난 170여 년 간(한국의 경우 화신 이후 94년간) 이어져 온 메이커와 유통 간 역할분담의 시대가 종말을 향해 가고 있는 건 아닐까.

디지털 시대는 소비자가 미디어가 되고 인플루언서들이 유통을 겸하는 시대다. 빅 플레이어뿐만이 아니라 스몰 브랜드, 디자이너 브랜드들은 탄생부터 자사몰에 둥지를 틀 뿐만 아니라 자사몰에 자신의 모든 총력을 기울인다. 무엇보다 유통이 해줘야하는 역할을 이제 데이터와 기술이 대신해 주는 시대다. 지금 세상은 모든 브랜드와 유통이 전 세계 소비자를 향해 일시에 경쟁하는 평평한 무한경쟁의 세상으로 향하고 있다.

용감했던 대륙 원정 1세대,
우리가 배운 것

중국, 그리고 대한민국

이 두 나라 간의 오욕(五慾)과 칠정(七情)의 역사는 삼국시대, 아니 그 이전 고조선까지 거슬러 올라가 지금에 이른다. 역사적 기록이 있기도 전부터 그 관계는 시작됐을 것이다. 두 나라는 입지적으로 불가피하게 끊임없이 서로를 탐하고 영향을 주고받으면서 긴 세월을 넘어왔다. 규모로 보자면 비교조차 안 되는 엄청난 대국, 중국은 쫓고 쫓기는 가운데 때로 침략자이자 두려운 존재로, 때로는 우리 북방 정책의 정복의 대상으로, 경계와 협력을 오가는 줄타기 속에 절대 피할 수 없는 존재이기도 하다.

오랫동안 우리는 중국 옆에 있는 것이 행운이라고 믿어 왔다. 통일 한국의 시기를 예측할 수 조차 없는 국내 정황상, 규모가 적은 내수시장의 돌파구는 중국이 될 것으로 믿어 의심치 않았다. 세계의 공장 역할을 하던 중국이 세계의 시장으로 변화했고, 한때 한류에 가장 열광하는 나라로 이 믿음은 구현되고 있었다.

사드 사태를 기점으로 관계가 얼어붙고 일찍이 중국에 진출했던 한국 기업들이 피를 철철 흘리며 철수해 자취를 감추기 전까지의 이야기다. 이 관계는 아직도 정상화되지 않은 가운데 이제 2라운드로 접어들어 2세대들이 다시 길을 모색하는 중이다. 새로운 역사를 시작하는 이 시점에 대륙 원정 1세대의 기록을 남기고자 한다.

대한민국 유사 이래 만주 연해주까지 영토를 넓혔던 고구려 광개토왕 이후(그 당시 고구려는 동북아의 가장 강력한 패권 국가였다) 1000년 만에(!!) 우리가 중국에 승리의 깃발을 꽂았던 아주 잠깐의 시간, 지금은 아무도 기억하지 못하고 별다른 기록도 남지 않은 그 시절을 잊지 않기 위해서다. 그때 우리가 얼마나 용감했는지, 그리고 그 용감함을 무색하게 해버릴 정도로 또 얼마나 교만했던지, 실패의 기록까지를 포함해서다.

이 시절 중국을 논할 때 기억해야 할 두 기업이 있다. 이랜드와 TBH글로벌이다. 지금이야 중국에 대해 정보도 많고 중국의 전력이 많이 드러난 상황이지만, 이랜드가 중국을 노크했던 1994년 당시 중국은 잠자는 사자였다. 세계 최대 규모의 인구와 땅덩어리는 물론 누구든지 탐낼 만한 가능성 높은 미래 시장이었지만, 도대체 그 안에 무엇이 웅크리고 있는지 드러나지 않았었다. 시장으로서의 규모나 잠재력보다는 그들이 갖고 있는 제조력에 많은 기업들이 먼저 관심을 가졌던 때이기도 하다.

이랜드를 비롯한 국내 기업들이 중국에 들어가기 시작하면서 (물론 그 이전에 보끄레머천다이징과 데코 등이 이미 중국에 진출해 있었다) 엄청난 규모와 파워에 놀라게 된다. 하지만 감히 범접할 수 없는 나라가 바로 중국이다. 다국적 기업들의 왕래로 상하이 정도는 어느 정도 노출이 됐지만 몇 개의 1선 대도시(베이징, 상하이 등)를 제외하고는 거의 미개척지인 2, 3선 도시, 오지에 가까운 내륙도시들의 모습은 안개 속에 가려진 상태였다.

게다가 중국에 대해서는 두려움이 컸다. 옛날부터 상술이 뛰어나기로 유명한 데다 비즈니스적으로도 치밀하고 절대로 손해보지 않는 나라, 속을 잘 보이지 않아서 거래할 때 애를 먹는 나라, 들어갔다가 자칫 잘못하면 맨몸으로 쫓겨난다는 등의 막연한 통념 때문이다. 비즈니스 경험이 없다 보니 당연히 정보가 없고 중국은 그저 몸으로 부닥치면서 개척해야 되는 곳이었다.

광개토왕 이후 중국에 승리의 깃발 꽂았던 잠시

이랜드는 1994년 상하이에 생산 법인을 설립한 후 1996년 상하이 패션스트리트 화이화이루에 1호점을 오픈하면서 중국 내수 영업을 시작했다. 진출 초기 94년부터 2000년까지 이랜드는

7년 연속 적자를 내며 수백억 원의 누적 적자로 폐업 직전까지 간다. 하지만 1997년과 1998년 IMF 경제위기를 극복하고 2000년을 기점으로 전환점을 맞이해 이후 해마다 40% 이상 성장한다.

중국 전역을 시장조사하고 현지인들의 생활과 패턴을 치밀하게 연구하며 발로 뛰는 현장답사로 대역전의 발판을 마련한 것. 상권은 물론 스트리트와 소비자 조사에도 주력한다. 디자인은 철저하게 현지화하고 인력도 상당 부분 현지인으로 채운다. 한때 이랜드 차이나의 직원 중 한국인은 0.7%에 불과할 정도로 현지 인력들을 육성하고 복지정책에도 과감히 투자해 중국인들 사이에 입사희망 0순위 기업으로 등극한다.

2000년부터 중국 전역에 매장을 본격적으로 확대하고 2001년 중국 진출 7년 만에 처음으로 수익을 창출한다. 2004년 티니위니가 중국에 1호점을 오픈하고 10년 만에 5000억 브랜드로 성장한다.

2010년 중국 진출 15년 만에 1조 원을 돌파하고 2011년 1조 5700억 원에 이어 2012년 2조 원을 돌파한다. 매장 수는 2011년 5000개를 넘어섰으며, 2012년 10월 기준 중국 228개 도시, 1,161개 백화점과 쇼핑몰에 약 5,800여 개 매장을 운영했다. 이랜드가 2015년 중국에서 올린 매출은 2조6500억 원에 이른다.

2016년 이랜드는 여성복 11개, 남성복 4개, 제조·직매형(SPA) 5개 등 총 45개 브랜드를 8000여 개 매장에서 선보였다. 특히 스코필드와 이랜드 등은 고가 브랜드로 명품 대접을 받았다. 또 스코필드와 EnC, 로엠은 상하이의 백화점 여성복 브랜드 중 연 매출 1~3위에 오르기도 했다. 이 중 티니위니는 중국 전역에 1500개 매장을 운영할 정도로 중국 여성들의 사랑을 받았다.

2016년 재무구조 개선을 이유로 티니위니를 중국 기업 브이 그라스에 1조 원에 매각한다. 이 매각금액은 해외기업에 매각된 국내 패션 브랜드 중 역대 최고가다. 이랜드는 이 매각금으로 당시 어려워진 국내 경영을 정상화한다. 2016년을 기점으로 이랜드차이나는 패션에서 유통업 진출로 선회한다.

현재 이랜드는 사드 사태와 코로나19 봉쇄령이라는 긴 터널을 지나 전환점을 맞이하고 있다. 중국 전역에서 운영되는 이랜드 산하 브랜드 매장은 약 3,000개로 줄어 상하이, 베이징, 성도, 충칭, 난징 등 중국 1·2선 도시를 중심으로 분포돼 있다. 여성복 브랜드 이랜드는 400개 매장에서 연 매출 2000억 원을 기록했다(2024년). 30년이라는 긴 시간 동안 달려온 이랜드의 중국 도전기는 아직도 현재진행형이다.

이랜드, TBH글로벌, 현지화와 프리미엄 전략 성공

TBH글로벌의 베이직하우스는 이랜드보다 한발 늦은 2004년 여성 캐주얼 베이직하우스로 중국에 진출했다. 이랜드가 했던 시행착오를 보완해 빠른 시간에 중국에서 급성장, '제2의 이랜드'로 주목받았다. 상하이에 베이직하우스 1호점 매장을 오픈한 이후 유통망을 공격적으로 늘렸다.

베이직하우스는 2000년 남녀노소 모든 세대를 위한 합리적 가격의 가족주의 캐주얼을 콘셉트로 시작된 브랜드다. 기본에 충실한 베이직한 디자인과 저렴한 가격으로 많은 국내 소비자들의 사랑을 받아 최단기간 매출 1000억을 돌파하며 급성장했다. 이후 남성 비즈니스 캐주얼 마인드브릿지와 편집숍 스타일의 여성 영 캐주얼 쥬시쥬디를 연이어 론칭한다.

국내에서는 좋은 퀄리티에 합리적 가격, 다양한 제품을 공급하는 메가콘셉트스토어(MCS)형 브랜드를 지향, 가두매장 중심으로 성장했지만 중국에서는 프리미엄 전략의 중고가 여성복 브랜드로 고급 백화점을 공략한다. 대형 백화점에서 매출 1위를 차지하는 등 인기를 끌기 시작한다. 한국의 패션 트렌드를 접목해 중국 여성 고객의 취향을 저격하는 디자인 전략으로 내수와 이원화함으로써 트렌디한 리딩 여성복 브랜드로 부상한다. 중국 여성들 사이에 '베이직하우스 스타일'이라는 말이 유행할 정도로 돌풍을 일으킨 것.

디자인과는 달리 중국 법인 MD(상품기획자)들의 기획은 철저하게 현지 중심으로 시너지 효과를 발휘한 것도 시장 안착에 주효했다. 고소득층 증가와 함께 신귀족, 소황제 등으로 불리는 영소비자의 프리미엄 시장이 급성장하면서 베이직 하우스는 프리미엄 브랜드로 자리 잡으면서 높은 영업이익률을 기록했다.

2005년 45개였던 매장이 2010년 600개로 늘었고 이때부터 중국 매출이 국내 매출을 넘어선다. 2015년 1700여 개 매장에서 5000억 원대 매출을 기록하며 전성기를 누린다. TBH글로벌은 2016년 중국 매출 5700억 원으로 국내 매출(1600억 원)의 3.5배까지 확대됐다. 2016년 사드 사태로 시작된 한한령과 2020년 코로나19 위기를 거치면서 중국 사업이 악화되고, 2021년 베이직 하우스 등 상표권을 중국 기업 난지런에 매각한다.

이 시기 중국에 직진출하지는 않았지만, MCM은 중국인들이 가장 좋아하는 레더굿즈 브랜드로 시장을 제패했다. 구찌, 프라다 등 럭셔리 브랜드들과 어깨를 견주는 A급 위치에서 중국의 상류층 고객과 패셔니스타들로부터 사랑을 받았다. 전 세계 공항과 여행지에서 중국인들이 하나같이 MCM 백팩을 메고 여행하는 모습을 목격할 수 있었다.

이랜드, 베이직하우스, MCM까지 한국 브랜드들은 중국의 럭셔리 백화점에서 가장 좋은 자리를 차지했다. 중국 여성들의 선호도 탑에 오를 정도로 이 브랜드들은 중국에서의 파워를 키워나갔다. 이들이 중국에서 성공한 비결은 철저한 현지화 노력과 프리미엄 전략이 맞아떨어진 결과였다. 고가 브랜드에서 주로 쓰는 고급 원단과 디자인, 봉제 방식을 택해 주요 백화점을 중심으로 영업한 전략이 주효했다.

글로벌 기업들이 두려워 하며 시도하지 못하는 전략들을 한국 기업들은 멋있게 해냈다. 아무도 들어가지 않는 2선, 3선 도시까지 발품을 팔며 유통을 확장했으며, 실패와 성공을 오가며 사세를 확장해나갔다. 일본도 일찍이 중국에 진출했다가 큰 실패를 맛보고 철수한 경험이 있고 그 이후로 일본 기업들은 중국에 뿌리를 내리지 못했다. (표면적으로는….) 이후 일본은 상사를 통해 지분을 투자하거나 하는 방식으로 우회 진출을 택한다.

반면 한국 기업들은 도전하고 응전하면서 용감하게 중국 소비자들의 마음을 직접 공략했고 이들의 마음을 살 수 있었다. 중국의 백화점에는 글로벌 브랜드들보다 한국 브랜드들이 더 좋은 위치를 차지했고, 특히 이랜드와 베이직 하우스는 한국에서의 중저가 브랜드 이미지를 탈피해서 고가에 감각적인 디자인을 앞세워 중국 여성들을 공략해 나갔다. 동양인 감성에 맞는 감각에 한국적인 특유의 세련된 핏감, 완성도 높은 상품력으로 중국 소비자들의 사랑을 받아내는 데 성공했다. 당시의 용감무쌍함은 마치 고구려의 기상과 비슷했다고 할까.

이들을 실패와 좌절의 길로 내몬 시작점은 사드 사태다. 사드 이후로 중국 내에 혐한 분위기가 거세지면서 대부분의 한국 기업들은 눈물을 머금고 철수할 수밖에 없었다. 하지만 이랜드와 베이직하우스는 중국인들이 던지는 돌팔매질로 매장의 유리가 깨지는 위협과 수난을 당하면서도 철수하지 않고 꿋꿋이 버텼다.

도전과 응전, 용감했지만 초심을 잃은 교만함으로 실패

이때 이들의 눈물 젖은 이야기는 드라마에 버금가는 것이었다. 사드 사태가 장기화되고 해결될 기미를 보이지 않으면서 중국에 진출했던 한국 기업들은 엄청난 위험과 어려움에 빠지게 된다. 매출은 급전직하에 직원들의 안전까지도 보장되지 않는 상황이었다. 이를 기점으로 이후 중국의 유통환경이 백화점에서 쇼핑몰 쪽으로 변화하면서 한국 브랜드에 대한 선호도가 추락하기 시작한다.

동시에 중국 소비자들이 빠른 속도로 글로벌화되면서 해외 브랜드에 눈뜨고 안목과 소비 성향도 급속하게 올라간다. 한국 여행 빈도가 높아지면서 한국 백화점에서의 브랜드 포지션을 모두가 알게 된 것도 이 시기다. 어느 나라나 겪게 되는 시장 변화와 성숙도를 중국도 겪게 되는 건 지극히 당연하다. 이어 중국역시 디지털 흐름이 강력하게 대두되면서 온라인 패션 시장이 중요해진다. 이커머스 패션이 지속적으로 성장하면서 기존 백화점이 문을 닫는 등 유통 구조도 확실히 변하고 있다.

과거의 관성에 기대지 않고 새로운 기회의 땅에 과감하게 뛰어들어 현지에 맞는 차별화 전략을 실행했던 이랜드와 베이직하우스, MCM. 아쉽게도 이들에게는 공통점이 있다. 홈그라운드에서 막상 패션 리더로서의 자리를 잃어버렸다는 점이다. 아무리 해외에서 잘 나간다고 한들 막상 자국 소비자들에게 사랑받지 못하면 그 브랜드는 결정적인 동력을 잃게 된다. 경쟁이 치열한 내수시장에서 해법을 찾아 자리를 지켜야 관광객이 한국에왔을 때 이질감을 느끼지 않을 것이다.

중국 진출 1세대가 가장 혼란에 쌓였던 이유를 돌아보자. 백화점 시대가 저물고 쇼핑몰, 이어 디지털 시대로 전환했으며, 중국 소비자가 잠에서 깨어나 글로벌 안목에 눈뜨면서 고가는 럭셔리 브랜드에 치이고 중저가는 중국 브랜드들에게 빼앗기면서유리했던 위치를 잃어버리게 된 것. 물론 그 결정적 분기점은 사드 정국이라는 정치적 상황 때문이다.

하지만 더욱 결정적인 원인은 결론부터 얘기하자면 초심을잃은 교만함이다. 솔직해져 보자. 중국을 얕잡아 본 탓이다. 우리가 좀 잘 사네, 선진국입네 하며 중국인을 무시하는 태도는 결정적인 순간 우리의 발목을 잡았다. 시간이 지날수록 중국은 발전하고 최고 명문대인 칭화대, 베이징대를 졸업한 인재들과 미국, 유럽에서 유학하고 완벽하게 영어를 구사하는 MBA 출신 인재들이 일 년에 수백 명씩 패션업으로 쏟아져 들어온다. 우리는 패션이 지는 해이지만 그들에게는 뜨는 해였으니까. 그럼에도 우리는 초기 인식의 오류를 수정하지 않았다.

게다가 우리가 갖고 있던 결정적 강점인 세련된 감각. 이 차이는 결국 '시간'에 있다. 우리가 조금 앞서 살고 경험했을 뿐인 거다. 이 면에서도 중국인들의 과감함과 크리에이티브함, 열정과 학습력은 점점 더 향상돼갔다. 게다가 또 한 가지, 이들의 '꽌시(關係)'는 이익을 공유하는 개념이다. 우리와는 사고 자체가 완전히 다르다. 성과급을 더 많이 주는 사람한테 확실하게 충성한다. 3개월을 단위로 성과를 측정해 인센티브를 주는 중국인 상사에 비해 한국인 상사는 한국식으로 사고하고 관리한다.

겸손함 잃은 인식적 오류, 인재 싸움에서 얻은 교훈

결과적으로 인적 싸움에서 상대가 되지 않았다고 말하면 과장일까? 결국 1차 현지화에 성공했지만 초기의 성실함과 용감함을 잃고, 오만하고 나태해진 우리의 태도가 그들의 눈에 보이지 않았을까? 중국인 직원들의 실력과 소비자들의 안목이 빠른 속도로 향상되고 글로벌화 되는 흐름에 따라 한국 기업들이 함께 진화하고 성장하는 데는 실패한 것을 인정하지 않을 수 없다.

한국보다 20배, 30배 더 큰 시장을 공략하면서 우리가 견지했던 태도는 그들을 우리보다 하류로 보는 인식적 오류에 있다. 대부분의 기업들은 진즉 실패하고 물러설 수밖에 없었고, 중국에서 화려하게 탑에 오른 이랜드와 베이직하우스, 성주 그룹도 화려한 시절을 뒤로하고 승리의 짧은 기억은 과거로 남았다.

이제 다시 중국 진출 2라운드다. 중국 시장에서 맥을 못 췄던 국내 패션 브랜드들이 최근 다시 선전하고 있다. 코오롱스포츠는 2007년 직진출 후 고전을 면치 못하다가 2017년 중국 최대 스포츠웨어 그룹 안타와 손잡고 합작사 코오롱스포츠 차이나를 출범시켰다.

현재 베이징과 상하이 등 160여개의 매장을 운영하고 있다. 높은 퀄리티의 상품력과 디자인을 바탕으로 '하이엔드 아웃도어' 브랜드로 포지셔닝되고 있다. 코오롱스포츠는 2024년 상반기 중국에서 전년보다 50% 급증한 3000억 원의 매출을 올렸다. 2023년 한 해 중국에서 국내와 비슷한 4000억 원 매출을 기록한 것을 감안하면 곧 중국이 국내 매출을 넘어설 전망이다.

이랜드도 중국 시장에서 전환점을 맞이하고 있다. 이랜드월드는 중국에 세 개 법인을 운영 중인데, 2016년 2조 원 기록을 분기점으로 이후 매출이 반 토막 나면서 고전했다. 재정비 기간을 거쳐 상품 기획과 생산, 브랜드 운영까지 독립적으로 운영되던 양국의 패션사업 부문을 일부 통합해 효율화를 꾀하고 있다.

F&F가 운영하는 라이선스 브랜드 MLB의 중국 매출은 진출 3

년 만인 2022년 1조 원을 넘었고 곧 2조 원을 돌파할 전망이다. MLB의 성공비결도 한국보다 가격을 약 30% 높게 책정하고 '노세일' 정책을 고수하며 고급 브랜드 이미지를 굳힌 것이 주효했다는 분석이다.

우리는 한때 중국 시장의 트렌드세터였고 용감무쌍하게 달렸던 기억과 함께 그 위치를 잃어버리게 된 이유를 정확히 인식해야 한다. 중국을 위시한 아시안 시장은 한국 브랜드들의 외연을 확장할 가장 가깝고도 용이한 시장이다. 하지만 언제나 시장은 변화하고 변수는 예고없이 찾아온다. 중국 진출 1세대들의 시행착오를 다시 되풀이해서는 안 된다. 초심을 잃지 않고 성실하고 겸손하게 소비자와 시장을 바라보지 않으면 한 순간 모든 노력은 수포로 돌아가고 만다.

지금 국내 컨덕터에게 필요한 덕목은 하늘 아래 없는 새로운 것을 창조해내는 기발함이나

천재성보다는, 우리가 갖고 있으나 그동안 소중한 줄 몰랐던 것, 오래 간직해왔으나

사라져가는 것들, 과거에 갖고 있던 좋은 것, 남이 갖고 있지 않은 우리만의 숨겨진 것,

즉 우리 안에 아직 남아있는 구슬들을 부지런히 찾아 꿰는 일이다.

Chapter.3

생각의 이동, 패션업을 새롭게 하다

공간을 장소로
재창조하는 콘텐츠

인스타그램에서 해시태그 '#핫플레이스'를 치면 무려 309만 개의 게시물이 뜬다. '#제주핫플레이스'는 81.9만 개의, '#서울핫플레이스'는 21.6만 개의 게시물이 올라있다. '#핫스페이스'에는 100개 남짓…? 이미 사람들은 느낌적인 느낌으로 공간과 장소와의 차이를 명확히 알고 있는 것 같다.

공간 空間 Space
장소 場所 Place

이 두 개의 단어는 비슷한 느낌으로 종종 혼용되고, 심지어 스페이스가 좀 더 미래적인 느낌을 주기도 한다. 하지만 '빌 空' 자의 한자에서 느껴지듯이 '공간'은 텅 비어있는 상태의 물리적인 개념이고 이 공간에 의미와 가치가 발생(자연히)하거나 부여(의도적으로)함으로써 사람들이 모여들고 무생물인 공간이 마치 살아있는 유기체처럼 변신하는 것이 '장소'이다.

공간과 장소, 그 사이에는 사람이 있다. 아무리 멋진 건물이라도 사람이 모이지 않으면 그 공간은 생명력이 없다. 돈을 많이 들여 잘 지은 공간인데 사람이 잘 모이지 않는 곳도 있다. 이런 곳은 실패한 공간이다. 사람이 모여들고, 이들의 이야기가 쌓이고, 에너지가 상호작용해 콘텐츠가 되고, 그 콘텐츠가 다시 더 많은 사람을 불러모으는 선순환 구조, 이런 곳이 소위 요즘 말하는 '핫플레이스'다.

물건을 파는 매장도 이제 공간이 아니라 장소가 돼야만 하는 시대적 요청을 받게 됐다. 빠르고 편리한 구매는 온라인을 당할 수 없기 때문이다. 상품만 있는 매장, 옷만 걸어놓은 패션 매장은 그저 '필요'를 위해 최소한의 사람만 오는 공간일 뿐이다. 젊은 세대일수록 물건은 온라인에서 사고 오프라인에서는 특별한 경험이 있거나 물건이 희소가치가 있거나 꼭 그 매장에 가야 하는 이유가 있지 않은 이상 매장을 굳이 방문하지 않는다.

그럼 사람을 모이게 하려면 무엇이 필요할까. 과거에는 매장에 상품이 있으면 그것으로도 충분했다. 패션 매장의 경우 옷을 더 많이 팔기 위해 행거에 옷을 빽빽하게 진열하던 시대도 있었다. 수요가 공급보다 많던 석기시대 이야기다. 지금은 오히려 옷은 몇 장 안 걸려 있는 대신 행거와 매대를 걷어내고 미술작품을 걸어 갤러리처럼 변신하거나 혹은 셀렉트숍처럼 다양한 요소를 믹스해 매장을 구성해야 사람들이 더 관심을 갖는다. 패션뿐만이 아니라 전자제품, 가구, 식음료, 베이커리, 심지어 책방도 그렇다.

사람을 끌어들이기 위해서 그 공간 안에는 재미와 의미, 가치를 담아야 한다. 소비자의 구매가 매장에서 놀이가 되고, 뭔가 새로운 영감을 받아가야 기억하고 공유하고 다시 찾기 때문이다.

그럼 매장에 상품 이외에 어떤 개념이 들어가야 의미와 가치가 생기는 걸까? 물리적인 공간, 오프라인에 사람이 모이게 하는 가장 중요한(대표적인) 콘텐츠 요소는 경험이다. 온라인에서 절대 따라올 수 없는 그것, 바로 재미있거나 놀랍거나 매력적인 경험, 특히 패션 매장에서의 경험은 다양한 취향과 문화를 의미한다.

최근 주목받는 도쿄의 새로운 랜드마크 아자부다이 힐스와 도라노몬 힐스는 이미 2003년 오픈한 롯폰기 힐스와 그 전 이미 완공한 아크 힐스에 이어 미나토구의 도시개발을 완성한 부동산 기업 모리빌딩의 34년 프로젝트다. 거주시설과 오피스, 상업공간이 복합구성, 아름다운 녹음과 가드닝이 어우러져 빌딩이 도시를 바꾸는 도시개발의 이정표를 제시해주면서 전 세계 관광객들이 몰려들고 있다.

럭셔리 매장과 가드닝만으로도 아자부다이 힐스는 물론 멋지지만 도라노몬 힐스는 트렌디하고 매력적인 패션 공간으로 주목할 만하다. 도라노몬 스테이션 타워 지하에서부터 연결되는 F&B매장에 이어 2층과 3층 모두 베이크루즈 그룹의 크리에이션을 발신하는 매장으로 이뤄져 있다. 매장 면적 2800㎡ 크기의 '셀렉트 바이 베이크루즈'는 도라도몬 힐스라는 상업공간을 아름답게 표현해 주는 콘텐츠 역할을 훌륭하게 해냈다.

베이크루즈는 자신의 편집력을 기반으로 이 공간을 과감하게 구성했다. 폐쇄성을 없애고 오픈해서 개방감 있게 매장 전체를 확 열어버린 자신감부터가 파격적이다. 한 층의 플로어가 하나의 매장처럼 보이게 와이드한 공간감을 살리되, 그랜드캐니언을 아름다운 컬러와 과감한 스케일로 표현한 그림벽, 핑크 컬러의 커다란 구형 오브제는 여기가 패션 매장인지 갤러리인지 혼동하게 한다.

도쿄 도라노몬 힐스, 베이크루즈의 과감한 실력 발휘

편집 공간은 패션을 중심으로 아트, 문화, 취미, 음식, 식물, 라이프스타일이 믹스 구성됐다. 그중 한 층은 '생활을 풍부하게 즐기기 위한 선택'을 이미지로 6개의 공간을 거실과 안방, 침실, 베스룸 등 일상적인 삶의 공간으로 차별화해 표현했다. 이국적인 빈티지 가구와 함께 누군가의 집에 초대된 듯한 느낌의 편안한 공간에 피팅룸마저도 욕실 공간처럼 꾸며 멋지게 탈바꿈시켰다. 그 외에 자전거숍, 빈티지 데님, 슈즈 편집숍 외에 제품끼리의 협업, 예술과 패션이 교차하는 아트 크루즈 갤러리(Art Cruise Gallery)까지.

사실 베이크루즈(BAYCREW'S)는 오래된(40년) 패션기업이다. 우리가 잘 아는 빔스, 쉽스, 유나이티드애로우즈와 같이 일본을 대표하는 편집숍 기업이기도 하다. 저널스탠다드, 에디피스, IÉNA, 두지엠클라세(Deuxième Classe) 등의 셀렉트숍을 비롯해 대형 매장 '베이크루즈 스토어'를 출점해 왔는데 이번 도라노몬 힐스를 통해 실력을 유감없이 발휘했다.

이 곳을 방문한 사람들은 공간이 갖는 파워를 느낄 수 있다. 패션 콘텐츠가 갖는 매력을 세련되게 보여주는 데다가 패션이 다른 콘텐츠와 만나 이뤄내는 '확장성'에 놀라게 된다. 사람들은 이 공간을 자신의 장소로 기록하고 기억하며 전달하고 공유한다.

지금은 상품을 '잘' 판매하려면 리테일러에서 콘텐츠 프로바이더로 변화해야 하는 시대다. 과거의 개념은 '리테일 공간=물건을 파는 공간'이고 그것은 물건을 어떻게 진열하고 잘 보이게 할까 외에 입점객의 동선 정도를 생각하면 충분했다. 그래도 소비자들은 기꺼이 구매했다. 물론 진열과 보여지는 방식, VMD, 고객 동선을 고려하는 방식도 진화해야 하지만, 이제는 플러스α의 콘텐츠가 필요하다.

콘텐츠(Contents)라는 의미는 사전적으로는 '내용물' 혹은 '목차'로 글자, 문자 정보, 영상 비디오, 사진, 그림 등 각종 매체가 제공하는 정보를 의미했다. 하지만 디지털 시대에 '정보', '매체(미디어)'의 의미가 바뀌었다. TV와 라디오, CD 같은 도구들이 사라지거나 퇴색하고, 심지어 책도 킨들 같은 디바이스나 e-Book이 대체하게 생겼다.

《콘텐츠의 지배자들》의 저자 최은수는 "콘텐츠의 개념을 문화와 지식, 예술세계의 창작물에 적용하는 수준을 뛰어넘어 '사람과 조직, 사물, 제품, 공간을 채우고 있는 특별한 기술과 내용물'로 확장해야 한다."라고 적고 있다. 세상이 콘텐츠 있는 자와 없는 자로 나뉘기 때문이며 콘텐츠의 지배자가 되기 위해서는 AI시대의 거대한 변화에 적응하라고 조언한다.

판매공간, 즉 매장을 장소로 재창조하는 가장 중요한 콘텐츠는 경험이다. 경험의 콘텐츠는 '의(衣), 식(食), 주(住), 휴(休), 미(美), 락(樂)'이라는 사람의 라이프신을 잘게 쪼개고 거기에 요즘은 '취향'이라는 요소가 가장 중요해졌으니 다시 세분화된 고객의 취향을 얹는다. 여기에 인간의 시각, 청각, 후각, 미각, 촉각의 오감에 영감까지를 '믹스&매치'하거나 결합해서 자신의 브랜드 아이덴티티를 고객의 경험 콘텐츠로 창조해내는 것이 필요하다.

브랜드가 자신의 상품에 뭔가 다른 것들을 채워 넣으려면 전제조건이 있다. 첫 번째로 자기 아이덴티티가 뾰족해야 하고 그런 자신의 브랜드와 어울리는 콘텐츠를 믹스하기 위해 큐레이션을 잘해야 된다. 이를 더 풍성하게 하기 위해 콜래보레이션과 팝업 등 구현할 수 있는 방법은 많다. 오히려 요즘은 노하우보다는 뭐가 어디에 있는지를 잘 아는 노웨어(Know Where)와 큐레이션 실력이 더 중요하다.

콘텐츠 큐레이션의 사례를 소개하자면 매장을 놀이터로 만든 '경험형 공간' 바르셀로나 망고틴(Mango Teen) 매장이 있다. 스페인 SPA브랜드 망고가 청소년만을 위해 단독 운영하는 망고틴은 패션을 테마로 놀이터 같은 매장을 만들었다. 11~13세 '초신성' 10대를 주 고객층으로 삼아 '경험형 쇼핑'을 디자인 전면에 내세운 것이다.

망고틴은 디지털 세상에 들어온 듯한 타이포그래피와 그래픽, 형광 오렌지, 형광 그린과 같은 네온 컬러와 초현실적인 인테리어 재질을 거침없이 사용했다. 매장을 일상과 미래를 연결하는 가교 공간으로 설정, 친구들과 놀이하듯 쇼핑하고 의상을 착장하며 촬영까지 진행할 수 있게 한다. 피팅룸은 '메타스페이스(Metaspace)'라 이름 붙여 옷을 갈아입는 행위를 가상 세계로의 여행으로 해석한다.

망고틴, 매장을 초신성 10대 위한 즐거운 놀이터로

젠틀몬스터는 아예 매장 자체를 실험과 혁신의 장소로 적극 활용한다. 이들의 인기 비결이기도 한 파격적이고 감각적인 '공간 마케팅'이다. 플래그십 외에 하우스 도산의 경우 뷰티 탬버린, 푸드 누데이크까지 집대성해 마음껏 실력을 발휘했다. 경쟁사와 패션기업들이 흉내도 못 낼 정도의 공간을 경험한 소비자들은 자연스럽게 팬이 될 수밖에 없고 이들은 자신의 경험을 적극적으로 바이럴한다. 젠틀몬스터는 매장에 투자한 비용 대신에 소비자들을 광고맨으로 쓰게 되는 셈이다. 면세점과 해외에서 만나는 젠틀몬스터에 대한 전 세계 팬들의 열광이 이를 증명한다.

현재 존재하지 않는 초현실적인 브랜드의 영감을 표현, 시각적 경험을 강조하는 매장도 있다. 아더에러의 성수 플래그십 아더 스페이스가 대표적인데 아더에러가 받았던 영감과 스토리를 압축해 전시공간 같은 경험형 공간을 제시한다. '사고의 흐름'이라는 테마를 6개 우주 공간으로 표현했다. 옷과 굿즈를 팔고 있지만, 패션을 넘어서 결국 콘텐츠를 파는 것이다.

어른들을 위한 놀이터 '포인트 오브 뷰'는 자신의 아이덴티티를 더 깊이 파면서 이를 확장한다. 이들은 "창작자의 관점을 통해 바라본 창작의 장면에 존재하는 모든 도구를 조명한다"라고 자신들의 공간을 설명한다. 단지 문구를 파는 게 아니고 브랜드 이름처럼 새로운 관점으로 도구를 바라볼 수 있는 문화적 공간으로 매장을 정의하는 것이다.

추억을 소환하는 소소한 문구에서부터 그 문구를 설명, 포장, 심지어 예술로 승화시키는 POP '큐레이션 카드'에 이르기까지 섬세하고 감각적인 인테리어와 진열, 스토리텔링까지를 경험케 함으로써 고객이 매장에 더 많이 오래 머무르게 한다. 최근에는 일상의 창작자를 위한 이메일 뉴스레터 '포포레터'도 발행, 작은 노트, 연필, 책상 위의 소품, 소소한 인테리어 용품에서 시작한 포인트오브뷰의 세계를 연결해 하나의 우주를 완성한다.

타깃 소비자의 라이프스타일을 확장하는 것은 코오롱의 남성복 브랜드 시리즈가 대표적. 플래그십 스토어 '시리즈 코너'를 통해 라이프스타일 편집숍을 제안하고, 일하는 남성들의 주거 공간을 콘셉트로 거실과 주방용품, 문구 등도 판매한다. 패션, 뷰티, 라이프 등에 관한 남성들의 관심사와 트렌드, 인기 브랜드 및 상품을 소개하는 '시리즈 매거진'도 발행한다. 세컨 브랜드 에피그램도 리빙, F&B 등 남자들의 라이프스타일을 확장하는 팝업 외에 각종 로컬마켓과 팝업을 훌륭하게 수행해왔다. 결과 시리즈는 마니아를 많이 거느린 브랜드로 성장했다.

아트, F&B 등 다양한 문화요소와의 결합은 공간을 장소로 만드는 가장 흔한(?) 방식이다. 여성복 르베이지는 리움미술관 아트숍과 손잡고 미술품을 전시하고 '살롱 드 르베이지' 매장(롯데본점)에서 판화와 달항아리를 판매했다. 서울 한남동 삼성물산 패션의 멀티 브랜드숍 'ZIP739'는 패션·아트·라이프스타일이 융합된 매장을 운영한다. 다양한 해외브랜드와 함께 가나아트센터 라운지를 상시 운영하며 2~3개월 단위로 신진 디자이너의 작품을 소개한다. 르메르는 플래그십스토어에 옻칠 가구와 누비 커튼 등을 도입해 한국적 정서를 표현한다.

패션과 푸드와의 결합도 활발하다. 키스(KITH)는 요즘 젊은 이들에게 가장 핫한 브랜드로 일본에서 히트를 친 데 이어 서울도 론칭 이후 오픈런 대기 행렬이 이어져 화제를 모았다. 키스의 경우는 브랜드 자체도 매력적이지만 키스트리츠, 즉 아이스크림 매장을 통해서 스토리텔링한다. 알록달록한 컬러의 토핑이 얹어진 키스트리츠는 인스타의 단골 메뉴로 등장, '#kithseoul'을 치면 옷만큼이나 키스트리츠 컷이 많이 뜬다. 아예 키스트리츠를 디자인으로 옷도 따로 만든다. 키스 상륙이 바이럴되는 것은 당연지사다.

패션과 카페의 결합은 이제 더 이상 새로운 뉴스도 아니다. 10코르소코모 카페는 일찍이 힙한 장소로 자리를 잡았고 메종키츠네나 아르켓, APC의 카페도 좋은 반응을 얻고 있다. 최근 론칭한 스트리트 브랜드 노아도 글로벌 최초로 카페 복합매장 '노아시티하우스'를 열었다.

뾰족한 철학 포인트오브뷰, 시리즈, 래코드 소통과 경험을

자사 아이덴티티를 강화하는 장인들의 작업과정을 매장에서 시현하는 것은 럭셔리 브랜드들이 자주 써먹는(?) 경험 콘텐츠다. 국내 업사이클링 대표 브랜드 래코드는 한남점에 수선 파트, 개인 리디자인 서비스를 운영함으로써 업사이클링의 기분 좋은 경험을 제공한다.

복합공간의 경우 스몰 브랜드 콘텐츠와 협업으로 이를 해결한다. 서울 성수동의 LCDC를 가장 생명력 있는 장소로 만드는 것은 취향과 경험을 저격해 스토리와 팬덤을 만드는 스몰 브랜드들이다. 이들이 자발적으로 새로운 스토리를 계속 부여할 때 공간은 지속가능한 장소가 된다.

뉴욕 첼시의 편집숍 '스토리(Story)'는 다양한 큐레이션으로 소매업에서 큰 화제가 된 매장이다. '갤러리처럼 진열하고 리테일러처럼 판다'라는 모토로 '레드 스토리'나 '발렌타인' 같은 테마에 따라 4~8주마다 디자인부터 상품까지 매장이 완전히 재창조된다. 브랜드와 소비자 간의 중개자 역할을 하는 '리테일 매거진' 개념의 소매를 구현했다는 면에서 롤모델이 됐다.

잡지가 사진과 글을 매개로 한다면 '스토리' 매장은 상품과 이벤트로 메시지를 전하는 것이다. 지난 2018년 메이시스 백화점이 인수, 내부로 들어간 이후 메이시스 백화점은 '스토리'의 콘텐츠 면에서 큰 효과를 얻었다. 현재 '스토리'는 온라인도 운영하지만, 매출 비중이 1%도 안 된다고 한다. 고객들이 매장에서의 경험을 훨씬 더 사랑하기 때문이다.

경험 콘텐츠가 좀 더 극단적인 경우도 있다. 일본의 전자회사 소니는 도쿄 긴자의 사옥을 새로 건립하는 기간 해당 입지에 공원을 만들어 시민들의 '휴식공간+팝업'으로 활용했다. 긴자에 휴식공간이 없는 점에 착안 '도심 속 공원'을 콘셉트로 만들어진 '소니 파크'가 이 기간 형성한 기업의 브랜딩은 가격으로 환산하기 어려운 가치를 만들어냈다. 좋은 장소는 사람들을 끌어들이는 힘이 있어서 제품을 전면에 내세우지 않더라도 '소니 파크' 공원에서 보낸 시간과 경험 자체가 브랜드에 긍정적인 영향으로 축적되기 때문이다.

콘텐츠가 중요한 것은 온라인도 마찬가지다. 온라인에서의 경험 콘텐츠는 텍스트와 이미지, 영상으로 표현된다. 온라인 럭셔리 패션쇼핑몰 네타포르테(Net-a-porter)의 남성판인 '미스터 포터(MR PORTER)'는 다양한 남자의 라이프를 위한 모든 콘텐츠를 담고 있다. 결국, 옷을 파는 곳인데 '더저널(The Joulnal)' 메뉴에는 연애, 파티, 여행의 하우투(How to) 같은 매거진 스타일의 내용을 담고 있다.

단순히 판매만이 아니라 고객의 생활을 깊이 파고들어 고객의 정신적 경험과 소통, 공감, 유대를 도모하려는 것이다. 국내 온라인 패션플랫폼 '29cm'도 이런 콘텐츠를 잘 운영하는 플랫폼으로 국내 온라인 역사에 획을 그었다.

최근 들어 모든 브랜드가 독립 채널을 선택, 지향하는 이유는 온라인으로도 오프라인으로도 소비자의 시간과 경험을 옴니채널로 끊김 없이 채워주기 위해서다. '온'이든 '오프'든 결국 콘텐츠는 내가 어떤 브랜드인지, 소비자와 어떤 관계를 맺고 싶은지에서 출발해야 한다. 브랜드의 아이덴티티와 브랜드가 지향하는 고객가치, 타깃 고객의 성향에 따라 브랜드의 콘텐츠는 달라질 것이고 그에 따라 콘텐츠의 힘과 강도, 풀어내는 방식도 달라질 것이다.

단순히 주목을 위한 캠페인이나 트렌드 지향의 접근은 수명이 짧다. 요즘 생명력 없는 이벤트와 너무 흔해진 팝업에 소비자들은 피로감을 호소한다. 결국, 지속 가능한 콘텐츠란 소비자들과의 진정성 어린 관계를 의미하기 때문이다.

'실버마켓은 없다'는
역발상

얼마 전 KBS에서 '골든걸스'라는 프로그램이 방영돼 큰 반향을 불러일으켰다. 국내 대표 여성 보컬리스트이자 자타공인 레전드 디바 인순이, 박미경, 신효범, 이은미가 등장하는 리얼리티 프로그램이다. 이 4명의 가수가 K-POP 히트 메이커인 박진영(JYP)의 프로듀싱 아래 걸그룹으로 재탄생한다는 스토리다.

이들은 노래 실력은 기본이고 놀라운 댄스 학습력(?)에 후배들이 혀를 찰 정도의 체력, 도전, 의지는 물론 합숙을 통해 보여준 긍정과 팀워크 등 모든 면에서 화제를 모았다. 게다가 언니들 특유의 여유와 배짱에서 나오는 매력은 중간중간 새로운 챌린지에 대한 불안감을 충분히 상쇄하고도 남을 정도로 누가 봐도 멋있었다.

이 제목의 원제는 아마도 80년대 미국 NBC에서 방영된 시트콤 'The Golden Girls'에서 따오거나 인스피레이션을 받은 것이 아닌가 싶다. 85년~92년까지 7년간 방영된 이 시트콤 드라마는 플로리다주 마이애미의 은퇴한 3명의 60대 여성과 80대 할머니를 주연으로 하며 〈코스비 가족〉 다음으로 인기를 누렸다고 한다. 당시에는 꽤 파격적이었을 동성애 결혼과 노년의 성 문제 등을 노련한 중년 여성들의 시선으로 다뤄서 큰 공감을 불러일으켰다.

이 두 개의 프로그램은 방영된 시대와 지역은 다르지만 시니어 세대를 주연으로 한다는 공통점이 있다. 어느 정도 통용되는 단어인 '실버'가 아닌 '골든(Golden)'을 사용한 것은 어찌 보면 인생 2라운드를 제대로 살 수 있는 제2의 황금기라는 중의적 의미도 담겨있을 것이다.

이 프로그램은 과거와는 다른 시니어 세대의 본질과 동시에 오해를 드러냈다는 면에서 주목할 만하다. 인순이(57년생), 박미경(65년생), 신효범(66년생), 이은미(66년생), 4명의 가수는 모두 1, 2차 베이비붐 세대다. 평균 연령 환갑(59.5세), 경력합산 155년 차, 역대 최고령-최고 스펙의 신인 걸그룹인 것이다.

다만 골든걸스에서 한 가지 아쉬운 점은 이들의 패션이다. 왜 군이 패션까지 정형화된 걸그룹st의 착장을 입었어야 할까. 파워풀한 인순이, 섹시한 박미경, 살짝 귀여움이 숨겨진 신효범,

지적이고 보이시한 이은미. 이들이 구사할 수 있는 다양한 음역대와 범주의 음악, 춤과 함께 각자 다른 독특한 매력을 뽐내는 패션 스타일까지 선보였다면 젊은 걸그룹들이 감히 범접할 수 없는 언니들만의 세계가 완성되지 않았을까.

여기서 큰 시각 차이를 발견할 수 있다. 바로 시니어 세대에 대한 오해이다. 왜 사람들은 나이든 언니들이 꼭 후배들처럼 젊어(어려)보이고 싶어 한다고 믿는 걸까? '우리 아직 안 죽었거든' 하는 증명을 굳이 걸리시한 '젊음'으로 표현하고 싶어 한다고 믿는 걸까. 여유로운 단계에 다다른 이들 시니어에게 '젊음'은 가끔 꺼내보는 그리움의 대상이고, 보이지 않는 곳에서 갈고닦아(^^) 노력하는 것일지언정, 현재의 완숙함과는 비교의 대상이 되지 않는다.

유사 이래 가장 건강하고 가장 늙지 않은(젊은 것이 아니라), 잘 관리된 체력과 외모에 충분한 지적 능력, 세월과 경험이 준 선물인 품격과 지혜까지 갖추고 있는 이들은 굳이 후배들을 흉내 낼 필요가 없기 때문이다. 게다가 이제야 도달한 인생의 여유를 갈 길이 멀고 불안정한 질풍노도의 젊음과 바꾼다고? No, No일 것이다.

'시니어'에 대한 크나큰 오해, '젊은이 따라하기'?

요즘 유행하는 시니어 모델도 마찬가지다. 멋있게 나이 들어가는 매력을 보여주는 게 아니라 젊은 세대를 흉내 내 레깅스에 크롭톱(배꼽티)을 입는 순간 그 매력은 확 반감된다. 진짜와 흉내 내는 가짜는 젊은 세대가 더 빨리 알아차리고 그들의 외면을 받는다. 결국, 세대를 허무는 것은 젊어 보이려는 것이 아니라 세대에 맞는 자기다움을 지키며 건강하고 멋있게 나이 들어가는 것이다.

바로 이런 오해는 젊은이들의 시선에 맞춘답시고 바라볼 때 발생하는 오차가 아닐까 싶다. 특히 대부분의 TV 예능프로그램은 대체로 MZ세대들의 시선에 맞춰 기획된다. 방송, 문화, 사회 구석구석, 특히 패션을 비롯한 소비재 산업의 광고 홍보는 절대 비중이 젊은이 입맛에 맞춰진다. SNS 등을 비롯한 이들의 바이럴 영향력 때문이다.

하지만 우리나라의 총인구는 2020년 정점을 찍고 이미 감소 추세에 접어들었다. 수명 연장과 베이비붐 세대의 고령화와 맞물려 시니어 인구는 가파른 증가세를 보인다. 수많은 통계수치가 말해주듯, 젊은이와 중·장·노년층이 수적으로 이미 역전됐고 앞으로 역전이 더 심화되리란 것은 팩트다.

실버, 그레이, 시니어…. 5060과 이후 노년 세대를 일컫는 단어들이다. 여기에 여러 형용사를 붙여서 뉴그레이, 액티브그레이, 액티브시니어, 신중년, 꽃중년이라는 표현이 자주 등장한다. 자신이 속한 세대의 고정관념에 얽매이지 않고 세대를 초월해 살아가는 사람들을 다년생 식물(Perennials)에 비유한 페레니얼 세대라는 말도 나왔다. 최근에 등장한 슈퍼 에이지(Super Age), 일본에서는 프리미어 에이지(Premier Age)라는 단어를 종종 사용한다. 장기불황을 겪은 일본에서 소비를 주도한 품격있고 경제력 있는 고연령 소비자를 뜻하는 말이다.

50~69세 소비자들을 새롭게 정의한 'A세대'라는 단어는 '나이를 초월한 라이프스타일', 'Ageless'를 의미한다. 그동안의 고정관념과 달리, 스스로에 대한 프라이드가 높고, 역동적이고 도전적인 삶에 대한 욕구가 강하며, 오피니언 리더로서 주변에 영향력을 발휘하는 등 '에이스(Ace)'적 면모를 갖춘 소비자들을 'A세대'로 새롭게 정의한 것이다.

요즘의 시니어가 과거의 노년과 사뭇 다르다는 것에 대해 전세계가 동의하고 주목하는 분위기다. 하지만 그 안에는 '지구가 늙어가고 있다'든가 '세계가 노인으로 북적인다'거나 급격하게 감소하는 출산율과 고령인구 증가율을 비교하면서 '고령화, 차세대 시한폭탄'이라고 표현한 부정적 기사도 적지 않다.

일, 취향 포기 않는 지적이고 지혜로운 어른, 슈퍼 에이지

이런 면에서 일명 시니어 마켓, 실버 세대를 바라보는 시각에 큰 왜곡이 있다는 것을 알 수 있다. 일단 단어 선정부터가 맞지 않다. 왜 실버이고, 왜 그레이인가? X세대나 밀레니얼, Z세대,

알파 세대 같은 단어가 아니라 왜 실버이고 하고 많은 컬러 중 그레이인가. '베이비부머'라는 직관적인 세대명도 마찬가지긴 하나, 이 단어는 이미 전후(2차 세계대전, 한국전쟁) 출생률이 급격히 늘어난 세대를 의미하는 단어로 전 세계적으로 통용된다는 면에서 논외로 한다.

베이비부머의 부모 세대는 여자 나이 40대를 넘으면 여성성을 잃고 '아줌마'를 거쳐 '할머니'가 되어갔다. 남자들은 가족을 부양하기 위해 죽도록 일했고 은퇴해 노인이 되어갔다. 이들의 중년과 노년은 여성성도 남성성도 없었고 아무 생각 없는 노인이 그저 죽음을 향해 가까이 가는 약하고 무능한 존재인 줄 알았다. 지적 역량도 체력도 급격히 약화되는 이들에게 삶의 질을 논하는 것 자체가 무의미한 시대였다.

하지만 이들의 자녀인 베이비부머 세대부터는 얘기가 달라진다. 대한민국의 경제발전, 산업의 고도성장과 함께, 전답과 소를 팔아 자식에게 투자한 부모들의 극성맞은 교육열 덕분에 베이비부머 세대는 고학력과 높은 지적 수준을 갖추게 된다. 이들은 경제발전의 주역으로 일하고 성장하며 빠른 속도로 삶의 질은 높아져 갔다.

30년간 산업화 민주화를 겪고 글로벌에 눈뜨며 부족한 것을 적극적으로 성취하며 살아온 매우 주체적인 세대다. 이 세대는 후진국에서 태어나 중진국에서 성장기를 보냈고 성인이 되어서는 선진국을 살며 자신의 자녀를 선진국의 아이들로 낳고 길러냈다. 자신보다 더 잘 사는 선진국 아이에 걸맞게 키우기 위해 해외 유학도 많이 보냈다.

빠른 경제성장이라는 시대적 산물의 결과 열심히 일해 집도 마련했고 부동산 가치도 향상되고 주가도 오르면서 노력한 만큼 경제적 부도 어느 정도 이룰 수 있었다. 때문에 평생 소처럼 일하다 외로운 노년을 보내는 부모를 능력 닿는 한 부양했고, 부모보다 부유해진 마지막 세대이기도 하다.

후진국에서 중진국, 선진국으로 이동하는 시대 변화와, 그에 따라 삶의 수준이 향상되는 동안 고스란히 몸으로 체득한 자아 정체성 발견의 과정과 깊이는 지금의 세대와는 차원이 다르다. 똥인지 된장인지 검색하고 알아보는(안다고 착각하는) 요즘 세대와, 똥인지 된장인지 먹어보고 경험하며 나를 알아 온 세대의 삶의 궤적 안에는 대체될 수 없는 경험과 지혜가 농축돼있다.

이들의 '나'는 나이가 들었지만, 여전히 개성 있고 무엇보다 지적인 역량이 충분하며 디지털 도구도 제법 잘 다룬다. 때문에 앞으로 살아가는 데 있어서도 심신의 건강이 허락하는 한 주체적으로 자신의 가치관과 철학대로 살 텐데, 이런 복잡다단한 사람들을 '아줌마'나 '노인'이라는 집단적 단어로 단정하고 이해할 수 있을 것인가. 이것이 바로 시니어에 대한 가장 큰 오해다.

세대를 이해하지 못하다 보니 이들을 대상으로 한다는 상품과 서비스들은 아주 우스운 정도의 수준이다. 꽤 오랜 기간(수십 년 전부터) 많은 기업들이 돈 냄새를 맡고 '실버 시장'을 '블루오션'이라고 설레발치며 TF팀을 만들고 신제품을 내놨지만, 고객 반응은 신통치 않다. 달라진 고객 분석, 욕구 파악보다 과거의 고정관념으로 재단한 결과다.

다이칸야마 T-Site, 긴자식스, 취향 중심 구성 성공

일례로 우리나라 실버 타깃 뷰티제품은 인삼향 한방제품 일색이다. 브랜드명에는 꼭 한자가 들어가고 용기 디자인은 늙수그레하다. 왜 컬러는 황금색(골드가 아닌) 일색인가. 패션도 실버 브랜드가 있지만 몇 개의 고가 브랜드를 제외하고는 튀는 컬러와 프린트, 시골 장터에서나 봄 직한 디자인들이다. 실버 세대가 실버 브랜드를 왜 외면하는지 곰곰이 생각해봐야 한다.

시니어들이 여행의 가장 큰 고객(시간과 경제력 면에서)임에도 대부분의 여행 프로그램은 가격별 단체여행 일색으로 지역별, 콘셉트별, 취향별 전문적인 프로그램이 취약하다. 실버타운은 어떤가. 우리나라 실버타운은 가격으로만 형성돼 고급이냐 아니냐 외에는 별 차이가 없다. 아무리 인테리어가 좋아도 의료 서비스와 나이로만 매뉴얼화된 데다 실버끼리 모아놓는 무료한 곳에서 아직 충분히 건강하고 활동적인 시니어들이 다양한 취향의 삶을 찾기는 어렵다.

실질적 구매력과 경제력을 갖춘 이 세대를 폭넓은 시각으로 이해할 필요가 있다. 나이가 들었다고 해서 일도, 취향도 포기할 것이라는 과거의 시각은 개선해야 마땅하다. 미국의 헤어브랜드 '베러낫영거(Better not younger)'는 브랜드명에서 드러나듯 나이가 들어가면서 '젊어지려는 게 아니라 더 좋아지는 것'으로 정의한다. 우리가 시니어를 바라보는 개념도 일을 안 하고 늙어가는 사람들이 아니라 나이 들어감에 따라 지혜가 쌓이는 사람이라고 바꿔야 하는 시대에 와 있다.

숨어있는 일본 소도시 발굴 여행에 진심인 브라이트스푼은 세밀한 타깃을 디테일하게 겨냥, 기획하는 여행사다. 여유로운 일정과 로컬의 좋은 식사, 서정적인 프로그램에 쇼핑 옵션이 아예 없는 브라이트스푼의 고객은 5060이 주력이다. 게다가 경제적, 시간적으로 여유가 있는 이들은 한번 고객이 되면 실망을 주지 않는 한 고정고객이 된다. 품격만큼 조금 비싼 경비는 지불할 만하기 때문이다.

'어른들의 서점'을 콘셉트로 만들어진 다이칸야마의 츠타야 (T-Site)는 동네 어른들의 라이프스타일을 바탕으로, 요리, 건강, 여행 중심의 책과 잡지 코너, 100세 시대를 살아가는 지혜 코너 등 프리미어 에이지를 대상으로 책을 구성하고 운영시간과 건물 입구 구성을 차별화했다. 이 세대가 하루를 일찍 시작한다는 점을 반영해 아침 7시 매장을 오픈하고 반려동물과 유모차를 반영해 동선을 넓게 했다.

이들이 발견한 고객은 '나이 많은 사람'이 아니라 성숙한 애티튜드의 어른이고, 그들의 취향 발견에 따른 구성이 결국 T-Site의 성공을 만들었다. 성숙하고 지혜로운 어른들의 편안한 공간을 만들고 나니 20대나 30대, 전 세계의 관광객들도 좋아하는 공간이 됐다. 물론 최근 들어 츠타야가 서점을 버리고 체험을 중심으로 비즈니스 모델을 바꾸고 있긴 하지만 다이칸야마 T-Site는 대체 불가능한 콘셉트의 공간으로 남을 것 같다.

도쿄의 긴자식스는 에이지 개념보다는 전 층을 취향화시켜서 구성했다. '패션+아트'로 머추어(mature)한 콘텐츠를 만들고 조닝별로 나이를 의식하지 않는 구분과 라이프스타일을 반영한 취향 중심 MD를 구성한 결과, 고객층이 넓어진 데다 돈 많은 젊은 이들도 몰려든다. 국내 백화점들은 MZ들의 취향 중심 MD를 구성해 MZ세대에게 어필하는 데 성공했지만, 막상 매출에 훨씬 더 영향력 있는 시니어 고객을 위한 혁신은 아직 없다.

과거의 '실버 마켓'은 이제 존재하지 않는다. 아니 존재할 필요가 없다. 새로운 취향과 라이프스타일에 따른 거대시장이 숨어있을 뿐이다.

불편한 진실에서 디폴트가 된 지속가능성

지난 10여 년간 지구상에서 가장 많이 사용된 단어를 뽑는다면 최상위급에 랭크될 단어 중 하나가 '지속가능성(sustainability)'일 것이다. 기후위기와 윤리적 생산, 소비에 대한 주제가 본격화된 이후 '지속가능성'은 최대의 화두가 됐고 각종 산업에서 이 단어만큼 자주, 강하게 회자되는 단어도 없다.

패션산업에서도 서스테이너빌리티는 거의 트라우마에 가깝다. 하이앤드에서 로앤드까지, 럭셔리에서 패스트패션까지 최근 몇 년간 서스테이너빌리티는 가장 중요한 과제로 대두돼왔다. 샤넬도, ZARA도, 나이키도, 파타고니아도, 디자이너와 스몰브랜드도 각자의 위치, 방식대로 서스테이너빌리티를 실현하고 있거나 실현하기 위해 노력 중이다. 적어도 겉으로는….

그도 그럴 것이 최근 수년간 패션은 지구를 가장 더럽히고 지구의 생명주기를 단축시키는 빌런 산업으로 비판을 받고 있다. 유엔에 따르면 지구 전체 탄소 배출량 중 패션산업이 차지하는 비율은 8~10%, 폐수 발생의 20%를 차지한다. 의류 생산과정에서는 염료 등 한 해 4300만 톤의 화학물질이 발생하며, 여기에 더해 매년 전 세계에서 생산되는 1000억 벌 이상 의류 중 73%는 '브랜드 가치 유지'를 위해 소각, 매립된다.

비영리 환경 기업 스탠드어스(Stand.earth)가 내놓은 보고서 (2020년)에 따르면, 글로벌 패션 기업은 항공이나 해운 산업보다 온실가스 배출에 더 큰 책임이 있다고 지적한다. 표백, 염색, 직조, 가공, 마무리, 운송 과정에서 패션 공급 체인의 가장 큰 비중이 여전히 의류생산에 필요한 열과 전기를 생산하기 위해 석탄에 의존하고 있다는 것.

패션 업계는 이런 비판을 방어하기 위해 논리가 필요했다. 때문에 많은 기업들은 잽싸게 자사의 성장축 혹은 미래전략에 반드시 '지속 가능함'을 끼워 넣고 중장기 비전과 전략을 발표한다. 전략담당 임원을 의미하던 CSO의 S를 '전략(strategy)'에서 '지속 가능함(sustainability)'으로 바꾸고 브랜드들은 콘셉트에 이 단어를 집어넣어 없는 철학을 억지로 만들어내기도 한다.

ZARA와 H&M도 자사 홈페이지에 지속 가능성 섹션을 만들어 여러 가지 유용한 정보와 옷의 수선, 리폼 서비스를 제공하는

가 하면 최근에는 유니클로와 코오롱FnC를 비롯해 헌 옷을 가져오면 새 옷으로 교체해주는 기업들의 서비스도 늘어났다. 이런 서비스를 전문화, 비즈니스화한 스타트업도 늘고 있다.

이 대목에서 기억나는 장면이 있다. 몇 년 전 핀란드 헬싱키 출장중 알토 대학에서 진행하는 서스테이너빌리티 주제의 세미나에 참여한 적이 있는데 ZARA의 CSO가 연사 중 한 명으로 등장했다. Q&A 시간에 한 학생이 이렇게 질문했다. "패스트패션이 과연 '서스테이너빌리티'를 논할 자격이 있느냐"라는 날카로운 질문(?) 아닌 지적이었다. 해당 스피커는 두루뭉술한 답변으로 대신했으나, 그 장면은 오래도록 인상적으로 남았다.

물론 표면뿐만이 아니라 요즘 많은 기업, 디자이너들이 이를 위해 실제로 큰 노력을 기울인다. 스텔라 맥카트니는 모피와 가죽을 사용하지 않는 디자이너로 유명하다. 이런 활동을 시작한 지도 아주 오래(서스테이너빌리티가 유행(?)하기 전부터)됐다. 자연분해가 가능한 소재, 옥수수 섬유로 인조모피를 만들고 재생 캐시미어와 유기농 면 등을 사용해 컬렉션을 완성한다. 의류뿐 아니라 유통 과정에서 사용되는 포장재와 쇼핑백, 매장의 조명에 이르기까지도 환경친화적이다.

클로에의 전 아트디렉터 디자이너 가브리엘라 허스트는 "럭셔리 브랜드가 친환경 실천에 가장 먼저 나서야 한다"라고 주장하며 실제로 자신의 브랜드에 잔여 소재를 사용하는 등 전 과정에서 지속 가능하고 혁신적인 방식을 적극 실천한다. 그 결과 꾸준히 성장하고 있으며 LVMH의 투자도 받았다.

'패션=빌런 산업' 오명을 벗기 위해 환경 친화 노력 경주

한국인으로 밀라노를 베이스로 활동하는 디자이너 지민리(Jimin Lee)는 프랑스, 이탈리아 럭셔리 브랜드들의 남은 재고와 원단을 활용해 자신의 브랜드 'J크리켓(J.Cricket)'의 아름답고 유니크한 컬렉션을 만든다. 뿐만아니라 매장 없이 전 세계 주요 도시를 투어하며 팝업 형태로 고객에게 직접 제품을 판매한다. 그는 기획부터 판매까지 낭비도 과잉도 없는 프로세스를 세팅함으로써 패션산업에 희망이 있음을 증명해준다.

그는 최근 패션 미래학자인 리 에델코르트(트렌드유니온 창립자)가 주최하는 WHF(World Hope Forum)에서 '안티 패션 디자이너(Anti-Fashion Designer)'로 소개되며 스피커로 등장, 이렇게 말했다.

"저는 진정한 아름다움을 회복하고 재활성화하는 방식으로 패션을 창조하기로 결정했고 이를 위해 전통적인 매장과 홀세일 방식에서 벗어나기로 했습니다. 하나의 아이디어에만 집중하기 위해서입니다. 저는 3~4일간 행사를 하고 주문을 받아 이후 12주 동안 생산 및 배송합니다. 천천히 작업하면 훨씬 더

분명한 의식을 갖게 되고 낭비를 피할 수 있다는 것을 알 수
있습니다. 저는 최종 고객들이 원하는 것을 듣기 위해 모든 노
력을 기울입니다."

국내 대기업 코오롱FnC의 래코드는 국내 최초의 업사이클링
브랜드로 론칭돼 현재까지 활발하게 운영된다. 초기 마케팅으
로만 활용될 줄 알았던 이 브랜드는 자사 재고 의류의 소재를 활
용해 리디자인 작업을 거쳐 가방이 옷으로, 옷이 가방으로 재탄
생하거나 다양한 패치 작업을 거쳐 새로운 작품으로 완성되기도
한다. 실질적인 브랜딩과 다양한 콜래보레이션 활동으로 경쟁
대기업들에게 영향을 미치기도 했다.

젊은 세대가 만들어내는 브랜드들은 이런 흐름에 훨씬 더 민
감하다. 테일러링 베이스의 디자이너 한솔킴은 일광건조가 만들
어낸 원단과 천연 염색을 통한 내추럴한 컬러, 레귤러한 라인과
핏, 핸드크래프트 작업으로 자신만의 독특한 패션 세계를 만들
어낸다. 역시 테일러 메이드 기반의 Lcbx는 조각품과 같이 입체
감이 살아있는 패턴의 옷을 생산하며, 아티잔 무드의 제품들을
선보인다.

데님에 진심인 브랜드 키바타(KIBATA)는 고증적 디테일과 완
성도로 감도 높은 데님을 선보인다. 특히 사시코 원단(일본 전통
자수 기법으로 일반 데님 원단과는 다른 울룩불룩한 독특한 질감이 특징)을

이용해 전 작업과정을 거의 손으로 완성하는 아틀리에 라인의 사시코 팬츠는 돋보인다. 자고류(Jagoryu)는 유즈드 원단을 활용해 천연 염색과 손 자수를 아이덴티로 One&Only 제품을 제작한다. 웹사이트에는 '수고스러움과 자연스러움을 중시한다'고 자신을 설명하고 있다.

서스테이너빌리티를 브랜드 철학에 포함시켜 전개하는 디자이너, 브랜드들은 이제 너무 많아서 일일이 거론하기조차 어렵다. 하지만 반대로 서스테이너빌리티에 대한 오해와 환상도 적지 않다. 가장 중요한 것은 서스테이너빌리티의 범주를 너무 좁히지 말자는 것이다. 모피와 가죽을 사용하지 않는 대신 페트병 폐타이어 소재, 재활용 소재를 사용하는 것은 서스테이너빌리티의 수많은 방법 중 한가지일 뿐이다.

럭셔리 잉여 원단을 활용한 J크리켓 디자이너 지민리 주목

어차피 패션은 아름다워지고 싶은 인간의 욕망에서 시작됐고 욕망을 자양분으로 존재한다. 중세시대 신분 과시에서 산업혁명 이후 자신의 부를 자랑하고 싶은, 현대에 와서 보다 고급지고 희소한 것을 소유함으로써 더 돋보이고 싶은 욕망으로 변화해왔을 뿐 언제나 패션의 출발점은 동일하다. 참을 수 없는 이 욕망을 어떻게 페트병 소재나 옥수수 섬유, 중고의류로만 충족시킬 수 있겠는가.

중고의류와 리셀 시장 역시 마찬가지다. 지구에 이로운 소비를 하겠다는 소비자와, 탄소 절감 폐기 의류 감축의 필요성에 동의하는 패션 브랜드, 양측의 공감대가 대두되면서 국내외 중고 리셀 시장은 폭발적으로 성장했고 요즘 럭셔리 기업들도 속속 이에 가세한다.

수많은 중고패션 플랫폼 기업들은 중고패션이 지속 가능성을 위한 가장 현명한 선택이며 심지어 환경오염을 대체할 대안이라고 강조한다. 2029년쯤엔 리셀 시장이 패스트패션 시장보다 커질 거라는 분석도 있다. 언뜻 보면 중고의류는 상품의 수명주기를 연장하고 과잉생산과 과소비의 대안이자 패션 소비의 선순환을 만들어내는 것처럼 보인다. 디팝(Depop, 영국의 온라인 중고패션 마켓플레이스)과 번개장터를 이용하면 뭔가 현명한 소비자가 된 것 같은 착각도 들게 한다.

하지만 소비자들이 '저렴이'라는 중독성으로 인해 불필요하게 더 많이 산다는 결과도 있다. 결국 더 사게 된 중고의류 역시나 상당 비중이 다시 쓰레기로 돌아간다. 패스트 패션이나 중고의류 과소비는 똑같이 또 다른 쓰레기로 전환된다는 불편한 진실이다. 게다가 재활용 소재로 만든 제품과 중고의류 리셀 시장이 과연 서스테이너빌리티에 얼마나 기여하며 탄소 배출량을 얼마나 줄였는가도 확실치 않다. 잠시 마음을 편하게 해주는 착시현상이 아닌가 곰곰이 생각해볼 필요가 있다.

패션 브랜딩 전문가인 김연수는 지속 가능함을 '함께 잘 먹고 잘살자'로 해석한다. 그 '함께'의 대상이 △지구와(환경친화) △과거와(전통) △소도시 혹은 마이너 국가(로컬)며 이들과 함께 잘사는 것이 바로 진정한 서스테이너빌리티라는 설명이다. 이 설명에 따르면 서스테이너빌리티의 범주는 세 가지로 볼 수 있다.

첫 번째는 모두가 동의하듯 환경 친화다. 이 환경 친화는 인간에게 좋은 소재이자 방식, 자연·지구에 좋은 방식의 두 측면으로 볼 수 있다. 특히 천연소재를 사용해 인간의 몸과 마음에 편안함을 주는 패션 본연의 기능을 하고 동시에 자연을 위해 탄소배출을 줄일 수 있는 잉여 소재나 재활용 소재, 모두에게 선한 과정과 방식을 구축하는 것이다.

'현대화'라는 미명 아래 단절된 전통을 현대화하는 것도 서스테이너빌리티의 방법이다. 최근 젊은 뮤지션들이 한국의 전통음악과 현대음악을 결합해 세상 쿨한 모던 음악을 탄생시키는 사례가 대표적이다. 재미없고 지루한 옛것이었던 전통음악을 영 세대에게, 또 세계인들에게 어필하는 좋은 계기가 됐다. 한국 전통음식과 전통주가 힙한 버전으로 태어나는 것도 좋은 사례다.

한복과 천연염색, 자개 등 전통 요소에서 따온 모티브를 결합시키거나 한지, 한옥, 한식을 모던하게 사용하는 것도 마찬가지다. 이런 창의의 과정에서 장인, 사라져가는 핸드크래프트적인 기술이 발굴·개발되고 현대적으로 재해석되는 것은 과거와 지금이 만나는 가장 이상적인 지속 가능함이다.

환경 친화 소재, 중고의류 범주 넘어 전통, 로컬로 확장

세 번째는 진정한 로컬이 진정한 글로벌이다. 로컬의 강점을 잘 활용하는 것은 서스테이너빌리티의 좋은 소재다. 글로벌화와 도시화의 과한 흐름 속에 많은 소도시와 저개발국가들은 소외될 수밖에 없고 존재감도 사라졌다. 이런 가운데 우편국을 개조한 도쿄의 쇼핑몰 키테(KITTE)는 방방곡곡 소도시에서 제조된 각종 제품을 발굴, 구성하고 일본 전통 과자(화과자)와 유명 베이커리가 콜라보한 카페를 입점시켜 히트를 쳤다.

일본을 대표하는 편집숍 빔스는 '빔스재팬'이라는 새로운 버전의 편집숍을 오픈해 '메이드인 재팬' 붐을 리드했다. 일본 전역 소도시의 제조 제품들과 글로벌 빅브랜드들을 믹스앤매치한 신주쿠 빔스재팬 매장은 핫플레이스로 정착했다.

소외된 도시의 제품을 발굴해 브랜딩하는 사례도 많다. 콜롬비아 원주민 와유족의 손끝에서 탄생하는 화려한 원색의 '모칠라' 가방은 시에나 밀러나 패리스 힐튼에게 팔리면서 이름을 알리기도 한다. 핀란드 시골에서 키워진 양털로 동네 할머니들이 뜨개질한 '미시파르미'도 로컬의 재료와 인력, 재능으로 만들어진 착한 브랜드다. 패션레볼루션의 창립자 캐리 소머스는 에콰도르, 파나마, 안데스산맥에서 만들어지는 모자 '파차쿠티'로 공정무역과 패션을 연결한다.

하지만 이런 방식들보다 더욱 중요한 것은 성장기를 살아오며 확립된 과잉의 프로세스와 시스템 개선이 선행돼야 한다는 것이다. 사실 낮은 정상판매율과 의류 가격 상승, 재고 증가는 모두가 패션산업의 성장기에 정착된 아주 나쁜 습성들이다. 한때 국내 남성 신사복 브랜드들은 10%대의 정상판매율을 나타냈고, 여성복도 30%를 넘으면 우수한 성적이라고 말할 정도로 형편없었다.

남은 재고는 아울렛에서 팔면 되고, 소비자들 역시 정상품을 사는 것은 바보짓이라 여기며 백화점에서 아이쇼핑하고 실제 구매는 아울렛에서 했다. 이런 흐름은 패스트패션이 폭발적으로 성장하면서 더욱 증폭됐다. 해외 패스트 브랜드들로부터 시장을 지키기(덜 빼앗기기) 위해 더 싸게 빨리 많이 생산해야 했기 때문이다. '성장과 발전'이라는 헛된 꿈과 그 꿈을 이루기 위한 방법이라 믿고 달려온 20세기적 프로세스의 고리를 빨리 끊어야만 한다.

이런 면에서 패션산업의 지속 가능함은 재정의돼야 마땅하다. 이미 10년 전 리에델코르트는 '안티패션(Anti-Fashion)'이라는 패션백서를 발표해 전 세계 패션 업계에 경종을 울렸다. 그는 본질과 진정성에서 벗어나 마케팅 중심으로 치닫는 패션산업이 창조의 기초인 소재를 보호하고 공예(핸드크래프트)를 중시하는 쪽으로 되돌아가지 않으면 안 된다고 강조했는데 이것은 지금도 충분히 유효하다.

이제 '지속 가능함'이라는 것은 트렌드나 마케팅이 아니라 디폴트(default, 기본값)로 깔려야 하는 시대다. 너무 당연하게도 좋은 소재를 써서 좋은 상품을 좋은 가격으로 잘 만들어 소비자들이 행복하게 또 오랫동안 잘 사용할 수 있도록 도와주는 것. 처음부터 제품의 생명주기를 길게 하기 위해 노력하고 되도록 그 제품이 수명을 다한 뒤에도 뭔가 쓰임새가 있을 수 있게 돕는 비즈니스.

소비자에게 어필하기 위한 마케팅 도구로서가 아니라 각자의 비즈니스 모델 속에 깊이, 기본으로 장착돼 있어서 항상 어느 단계에든지 그 지속 가능함을 프로세스 안에 녹여내는 것. 그것이 우리가 실현해야 할 지속 가능함이라는 것을 잊지 말았으면 한다.

요즘 젊은 소비자들은 기다릴 줄 안다. 좋은 상품을 손에 넣기 위해 크라우드펀딩이나 주문판매 방식 등 판매자가 원하는 환경을 견뎌줄 줄 안다. 기다릴 줄 아는 소비자가 있다면 제작자들이 조급하게 대량생산하지 않아도 된다. 물론 테무나 알리바바에서 사는 소비자들도 여전히 존재할 테지만 거기까지 우리가 경쟁해야 할 패션의 범주에 넣지는 말자.

널려있는 구슬을 꿰는
컨덕터가 필요하다

셀린느의 우아하고 아름다운 프렌치시크를 완성한 크리에이티브 디렉터(이하 CD) 에디 슬리먼이 급작스럽게 셀린느를 떠났다. 그가 유감없이 실력을 발휘한 결과 셀린느는 다시 한번 상징적인 프랑스 쿠튀르 하우스로 자리매김했으며, 동시에 LVMH 내에서 루이비통, 디올을 잇는 브랜드로 성장했다.

큰 공을 세웠음에도 에디 슬리먼이 셀린느(정확히는 셀린느를 소유한 LVMH 그룹)와 결별한 이유는 소통과 타협이 어렵기 때문이라는 후문이다. 천재성은 필요하지만, 대중들에게 모습을 드러내기 싫어하고 인스타그램 계정조차 없는 샤이한 그의 성격은 아르노 회장(LVMH그룹 창업자 베르나르 아르노)을 안달 나게 했을는지도 모른다.

알렉산더맥퀸 출신의 사라 버튼은 매튜 윌리엄스가 떠난 지 방시의 CD로 임명됐다. 구찌를 떠난 알레산드로 미켈레는 발렌티노를 맡았고, 오랫동안 공석이라 추측이 난무하던 샤넬 크리에이티브 디렉터는 마티유 블라지로 결정됐다. 존갈리아노는 지난 10년간 CD로 활동해온 메종 마르지엘라를 떠난 후 아직 다음 행선지를 결정하지 않았다.

피비 파일로 이후 클로에의 CD로 활동한 가브리엘라 허스트는 최근 자신의 브랜드에 주력하기로 했다. 미우치아 프라다와 함께 공동 크리에이티브 디렉터로서 자리를 지켜온 라프 시몬스는 자신의 이름을 딴 레이블을 접기로 결정했다. 이유를 밝히지는 않았지만, 프라다 CD와 자신의 브랜드를 병행하는 것은 불가능에 가까운 일이었을 것이다.

오늘도 글로벌 럭셔리 패션 업계에서 빅뉴스는 단연 CD 관련 이슈다. 메종이 어떤 크리에이티브 디렉터를 기용했는가에 따라 해당 기업의 주가가 올라가기도, 내려가기도 하는 것은 물론 요즘은 SNS로 인해 언론과 소셜 미디어의 반응으로 소비자들에게 직결된다.

주가도 주가지만 특히 럭셔리 브랜드에 있어서 CD 선정은 브랜드의 향방을 결정지을 뿐 아니라 기업의 매출과 이익을 좌우한다. 콘셉트부터 광고 캠페인에 이르기까지 브랜딩의 정체성(Identity)을 확립하고 이를 일관되게 디렉팅하는 브랜드 총괄 감독이 바로 CD이기 때문이다.

　정말 명예로운 자리지만 지금 유럽 럭셔리 패션 하우스는 한 해에만 30명 넘는 CD가 교체되기도 하는 등 CD들의 수난 시대라 해도 과언이 아니다. 트렌드 주기가 빨라진 데다 경기 침체로 명품소비도 둔화되면서 단기간에 성과를 내지 못하면 빠르게 CD를 갈아치우는 것이다.

유럽 럭셔리 패션 하우스, CD들의 수난 시대

　천재적인 감각으로 능력을 인정받던 CD들은 이제 단순히 컬렉션을 잘하는 것만으로는 부족하다. 우선 컬렉션의 숫자가 과거에 비해 엄청나게 늘어났다. 봄여름/ 가을겨울로 나뉘어지던 시즌 컬렉션에 리조트(Resort)와 프리폴(Pre-Fall)이 추가되면서 1년에 6번의 컬렉션을 진행한다. 코로나 전 패션계에 닥친 'See Now Buy Now*' 흐름도, 늘어난 컬렉션과 과중한 업무가 디자이너들을 우울증과 자살로 몰아간다는 비판도 CD들의 업무부담을 줄여준 것 같지는 않다.

　디지털과 SNS의 시대, 패션은 그 어느 때보다 대중문화와 밀접한 관계를 맺고 있으며 이 관계가 매출에도 결정적 영향을 미친다. 즉각적인 소비자들의 반응도 부담스럽다. CD에게 요구되는 기능은 이제 디자인만이 아니라 디지털에 대한 이해도, 소셜

---

* **See Now Buy Now** : '(컬렉션을) 지금 보고 지금 산다'는 것으로 반년 앞서 패션 컬렉션을 진행, 바이어와 언론에게 공개하고 반년 후에 판매하는 오랜 패션계 시스템에 대한 반동으로 디지털 시대에 맞게 당해 시즌 컬렉션을 보여주고 즉각 구매할 수 있는 시스템

미디어 구사력과 팬덤 파워, 자기 어필력에 수많은 행사 참석과 빅스타들과의 관계, 연예인 같은 쇼맨십까지도 필요하다.

영향력과 인지도를 더 강화·확대하려는 기업의 열망을 위해 다양한 영역의 협업도 성공시켜야 한다. 디자인하고 옷을 만드는 능력보다는 패션을 둘러싼 마케팅 능력이 더욱 중요해진 것이 사실이다. 한 명의 CD가 맡고 있는 일은 너무 과다하며 이들에게 요구되는 덕목도 거의 무한하다. 에디 슬리먼처럼 자신을 드러내는 것에 취약하거나 거부감을 갖는 디자이너, 사라 버튼처럼 성실한 일벌레들은 럭셔리 하우스 CEO나 오너가 봤을 때 능력과 별개로 평가절하될 소지가 있다.

이런 가운데 스트리트 패션 출신과 대중음악 뮤지션들이 CD로 급부상했다. 물론 2010년을 전후해 스트리트 패션 트렌드가 부상, 베트멍의 오너이자 CD인 뎀나 바잘리아(현재 발렌시아가 CD)를 기점으로 이런 흐름이 가속화됐다. 잊혀져 가던 헬무트 랭을 되살린 후드바이에어(Hood By Air)의 셰인 올리버, 유명 가수이자 패셔니스타이면서 한정판 스니커즈 붐을 이끈 칸예 웨스트와 아디다스가 협업한 이지(YEEZY, 칸예의 패션기업) 등도 모두 그 흐름의 주인공이다. 음악과 패션을 오가며 자주 거론되는 에이셉 라키(A$AP Rocky)도 최근 파리 패션위크에서 첫 런웨이를 선보였다.

특히 고(故) 버질 아블로에 이어 루이비통 CD로 발탁된 퍼렐 윌리암스는 정식 패션 교육을 받거나 메이저 브랜드에서 일한 경험이 없는 인물로 패션업계에 큰 충격을 주었다. 20년 넘게 가수, 프로듀서로 인정받고 수많은 명품, 스포츠 브랜드와 협업을 성공시키며 전 세계 팬덤을 거느린 뮤지션이자 패션아이콘이긴 하지만, 그래도 그렇지 루이비통이라니…. 첫 컬렉션을 '성공적'으로 마친 그에 대한 평가는 우선 프런트로우(패션쇼 맨 앞좌석)와 그의 SNS 피드를 가득 채운 화려한 인물들의 반응과 팬덤 영향력으로 일단 먹고 들어가는 형국이다.

패션교육이 전무한 뮤지션 퍼렐 윌리암스, 루이비통 CD로

한때 非패션과 건축가 출신 CD들이 주목받은 시대도 있고, 이 측면은 지금도 여전히 유효하다. 건축가는 3차원의 공간을 디자인하기 때문에 이들이 만드는 옷은 평면에 패턴을 그린 옷과 구조부터 다르다. 입체적으로 디자인한다는 면에서 이런 흐름은 패션계에 신선한 자극을 주었다. 하지만 지금처럼 아예 옷을 만들어본 일이 없거나 디자인과 무관한 영역의 전문가들이 CD로 각광 받은 시대는 없었다.

혹자는 칼 라거펠트가 2019년 타계한 때를 기점으로 "패션의 한 시대(an era of fashion)가 저물었다"라고 말한다. 클래식한 방법(스케치북에 그린 디자인으로 시작되는)으로 구현하는 전통적 CD였던 그가 사라짐으로써 이제 이런 패션이 구시대의 유물로 사라지는 것은 아닐까에 대한 불안감도 있다. 그 불안감이 지금 현실화되고 있는 걸까?

우리나라도 한때 디자인 디렉터 한 명에 따라 기업(브랜드)이 살기도 죽기도 하던 시절이 있었다. 당시의 디자이너들은 동대문 광장시장을 돌며 단추를 사는 다리품부터 시작해 소재, 컬러에서 출발하는 시즌 기획과 디자인은 물론 모든 옷에 핀을 꽂아가며(일명 핀발이) 가봉을 보고 수많은 스타일을 코디하면서 패션의 프로세스를 몸으로 손으로 익히던 시대다.

어디 디자인뿐인가. 옷이 생산되는 전 과정을 관리하고 옷이 매장에 깔린 이후에도 매장을 돌며 VMD와 인테리어, 광고 기획, 판매 상황, 재고 관리에 이르기까지 과정마다 개입했다. 부서별 담당자들이 있었지만 디자인실과 디자인 디렉터들은 이들과 아주 긴밀하게 연결돼있었다. 디자인실에서 기획한 상품이 이후 단계에서 어떻게 표현돼야 하는지까지도 디자이너의 몫이었기 때문이다.

결과, 한국 상품은 아주 크리에이티브하지는 않지만 좋은 소재와 핏, 잘 떨어지는 패턴 등 가격대비 완성도가 높은 상품이라는 평가를 받았다. 특히 한국 브랜드의 재킷과 아우터는 공히 그 실력을 인정받았다. 하지만 세월이 흘러 캐주얼라이징과 패스트

패션의 시대를 지나며 재킷을 입는 TPO(시간, 장소, 상황)가 극도로 줄어들면서 상황이 변한다.

재킷을 만들지 않아도 브랜드가 되고, 빨리 만들어야 하므로 가봉도 필요 없고, 완성도 높은 옷이 아니어도 괜찮은 시대에 이르러 생산자도 소비자도 바뀌면서 디렉터의 요건은 달라졌다. 완성도 보다는 빨리, 많이 팔릴 수 있게 디렉팅하는 것, 굳이 잘 만들지않아도 되고 동대문에서 사다 팔아도 되는 것으로 국내 패션 디렉터의 덕목이 달라진 전환점은 디지털시대보다는 캐주얼라이징이 아닌가 싶다.

지금이 기회! 소중한 우리 것을 발굴 · 재창조할 지휘자 필요

세월이 흘러 지금 한국 패션은 유사 이래 절호의 기회를 맞이했다. 세계가 우리 문화를 주목하고 인정하기 시작한 것이다. 헌데 지금 국내 패션기업들의 상황은 밝지만은 않다. '좋은 시절 갔다' 하는 1세대 기업들은 대체로 투자에 소극적인 데다가 효율화와 디지털화를 이유로 디자이너 숫자를 줄이고 특히 경력(나이) 많은 고참 디자이너들은 적잖이 정리했다.

젊은 기업이나 스몰, 디자이너 브랜드들은 감각은 신선할지언정 실력과 깊이, 투자 여력은 아직 부족하다. 이런 세대 교체와 재편의 과정에 생긴 공동화 현상은 우리에게 다가온 좋은 기회를 파고들 공격수 역할을 약화시킨다.

지금 우리 패션 기업들(자기 이름을 걸고 하는 디자이너 브랜드 외에)에겐 한 명의 천재 디자이너보다는 코앞에 다가온 기회를 잘 살려낼 수 있는 지휘자가 필요하다. 여기저기 흩어진 구슬들을 찾아 꿰어내고 색바랜 먼지를 털고 장인들의 무뎌진 손끝을 되살리고 때를 벗겨내면 아직 가능성을 찾아낼 수 있다. 이런 것들을 발견해 엮고 연결하고 재창조하는 그런 지휘자가 필요한 것이다.

왜? 유럽과 우리는 상황이 다르기 때문이다. 그들은 매일 매일 새로운 인재가 양성되고 새로운 브랜드가 출현하는 교육환경, 인큐베이팅 시스템과, 구석구석 무엇이든 잘 만들어내는 수백 년간 이어온 단단한 인프라가 있다. 심지어 패션 하우스의 견습 디자이너들은 30년, 40년씩 일한 아뜰리에와 공방의 장인들로부터 자수와 봉제, 마감 스킬을 배우기도 한다. 이렇게 그들만의 방식으로 만들어 전 세계에 파는, 자기들만의 리그에 속해있는 것이다.

우리가 그나마 가성비를 인정받은 것은 고급스러운 소재와 섬세한 테일러링이 돋보이는 클래식 아이템에서다. 자르르한 핏과 완성도 높은 디테일의 한끝 차이로 제법 잘 만든 옷이라 인정받아온 그 인프라마저도 이제 엄청 약화돼버렸다. 소재 산업 역시 거의 맥이 끊어지다시피 했다. 패턴과 봉제 장인들의 손은 무뎌지고 눈도 어두워 일을 그만두고 있으며 2세들은 가업을 잇지 않는다.

때문에 지금 국내 컨덕터에게 필요한 덕목은 하늘 아래 없는 새로운 것을 창조해내는 기발함이나 천재성보다는, 우리가 갖고 있으나 그동안 소중한 줄 몰랐던 것, 오래 간직해왔으나 사라져 가는 것들, 과거에 갖고 있던 좋은 것, 남이 갖고 있지 않은 우리 만의 숨겨진 것, 즉 우리 안에 아직 남아있는 구슬들을 부지런히 찾아내는 일이다.

기술이 남아있는 장인들과 살아있는 소재 업체들을 찾아내 젊은 세대들의 뉴(New)하고 글로벌한 감각과 함께 재창조해야 한다. 전 세계에 깔려있는, K-Culture에 대한 관심이라는 고속 도로 위에 그런 것들을 조화롭게 완성해내야 한다. 이것은 단순 히 크리에이티브한 감각, 아티스트적인 창조력만으로는 불가능 하다. 디자인과 패션산업에 대한 경험과 전문성이 있어야 하고 타 영역에 대한 폭넓은 안목과 부지런함이 있어야 하며 무엇보 다 지혜로워야 한다.

컨덕터(Conductor)의 사전적 의미는 지휘자, '안내하고 동행하 며 길을 보여주다'라는 뜻으로, 라틴어 'conductus'의 과거 분사 형(conducere)에서 유래했다. 이 동사는 '함께, 같이(com)'와 '이 끌다(ducere)'가 결합한 형태이다. 주로 오케스트라에서 자주 사 용되는 컨덕터는 패션에서 보자면 크리에이티브 디렉터와 비슷 한 포지션이지만 무엇보다 '조화롭게', '함께 가며', '포용하는' 리더십이 더 중요하다.

지금 우리는 충분히 우리스러워도, 아니 우리스러워야 비로소 차별화되며, 우리 것을 마음껏 풀어내고 사랑해도 되는 시대에 서 있다. 가장 한국적인 이야기가 휴머니즘과 인간의 본질이라는 인류 공통의 렌즈를 관통할 때 우리 이야기가 세계에 통하고 세계를 감동시키는 것을 확인해준 한강 작가처럼….

고객 여정을 바꾸는
디지털 생태계

TV와 잡지를 보고 그 안의 아름다운 패션 화보와 광고, 정보 속의 상품에 매력을 느끼고, 입소문을 타고 이 정보가 확산된다. 구매할 아이템을 메모하고 잡지 화보나 연예인 샷 중 마음에 드는 사진을 스크랩한 후 계절이 바뀔 즈음 벼르고 별러 백화점에 간다. 백화점에서 2~3개 층(이벤트홀까지) 약 10~20개 매장을 돌며 여러 가지 옷을 착용해본 후 비교 분석해 옷을 구매한다.

옷 한 벌을 구매하기 위한 구매의 이런 긴 프로세스가 마치 까마득한 옛날 같지만, 20년 전? 아니 불과 10여 년 전까지의 상황이다. 우리는 이것을 '과거'라 말하지만 MZ 이후 세대에게 이런 광경은 "옛날옛적에….".로 시작되는, 마치 우리 세대가 6 · 25전 쟁이나 일제강점기에 대해 느끼던 것 같은 비현실적 느낌이지 않을까.

이들에게는 'TV, 잡지, 패션 화보, 광고, 스크랩, 메모, 백화점, 매장을 돈다, 착용….' 등의 단어들로부터 전달되는 뉘앙스가 우리의 그것과는 완전히 다를 것이다. 이를 경험하고 살아온 우리 세대도 마치 불과 몇 년 사이 기억에서 클리어된 걸까. 어떻게 옷 한 벌을 사기 위해 백화점에서 20개 매장을 돌았는지 기억이 잘 나지 않는다.

고객이 디지털 생태계를 바꾼 것인지, 디지털 생태계가 고객을 바꾼 것인지…? 아무튼 이 두 가지 섹터는 서로를 변화시키며 빛의 속도로 진화 중이다. 인터넷, 디지털로 인한 삶의 변화는 모바일의 등장과 함께 급격하게 확산됐고, 코로나 팬데믹이라는 전대미문의 사건으로 인해 아주 빠른 시간에 정착했다. 전 세계가 동시에….

웹2.0*의 등장과 환경은 사람들의 정보 습득과 구매 여정을 완전히 바꿔놓았다. 아주 오랜 기간 기업이 소비자와 커뮤니케이션하기 위해서는 반드시 미디어를 통해야 했고 당연히 '미디어=권

---

* **웹 2.0**(Web 2.0) : 개방, 참여, 공유의 정신을 바탕으로 사용자가 직접 정보를 생산해 쌍방향으로 소통하는 웹 기술. **웹 1.0**이 인터넷을 통해 일방적으로 정보를 보여주었다면, **웹 2.0**은 사용자가 직접 콘텐츠를 생산해 쌍방향으로 소통할 수 있다. **웹3.0**은 인공지능과 블록체인을 기반으로 맞춤형 정보를 제공하는 지능화 개인화된 웹기술

력'이었다. 하지만 지금은 기업이 소비자와 직접 소통할 뿐만아니라 소비자가 직접 콘텐츠를 생산하고 공유하고 전파한다.

각자의 폰과 태블릿으로 모든 소비자는 언제 어디서나 원하는 정보를 원하는 미디어로 즉시 접할 수 있다. 거실의 TV로 가족이 공유하던 미디어가 개인화되면서 미디어를 이용하는 시공간은 무한히 확장됐다. 반면 미디어의 권력은 사라지고 광고의 주목도는 떨어졌으며 '브랜드 파워'도 약화된다. 미디어 생태계의 변화는 산업의 변화로 부메랑이 되어 돌아온다.

과거 기업은 광고 홍보라는 도구를 통해 상품과 브랜드를 PR하고 구매를 부추겼다. 모든 소비재 브랜드는 광고를 제작하는데 엄청난 돈을 투자했다. 패션의 경우 매 시즌 아름다운 한 컷의 화보를 건지기 위해 유럽은 물론 아프리카 나미브 사막까지 날아가 (그것도 수십 명이!!) 해외 로케 촬영을 했다.

지금 생각하면 말도 안 되는 투자인데 이렇게 완성된 화보는 실제 소비자들의 마음을 움직였고 톱 브랜드들은 패션 잡지의 맨 앞 지면 광고, 더 많은 화보 페이지를 차지(물론 값비싼 광고료를 지불하고…)하기 위해 잡지사 광고맨들에게 접대를 할 정도였다. 실제 광고와 화보가 구매로까지 이어지던 시대다.

광고를 보고 소비자 마음이 움직여도 그가 백화점으로 가지 않으면 상품 구매는 이뤄지지 않는다. 구매 장소가 백화점, 대리점, 동대문으로 한정돼있기 때문이다. 롯데, 현대, 신세계가 국내 유통을 장악할 수밖에 없던 이유다. 백화점 아니면 집객이 많이 되는 동선에 거액의 투자(땅과 매장, 인테리어)로 매장을 열고 상품을 가득 진열하고 고객을 기다렸다. 미리 만들어놓은 대량의 상품 가격 안에 모든 불투명함(판매와 재고 등 위험부담)을 산정해 녹여냈으니 비쌀 수밖에!!

광고도 마찬가지다. 많은 소비자들에게 도달할수록 광고가격이 비쌌지만, 그 시대의 광고는 결정적 약점이 있다. 광고를 보는 소비자가 얼마나 많으며 그중 몇 %의 고객이 물건을 구매하는지 전혀 알 수 없다는 것이다. 결과치에 대한 의구심이 있지만, 기업들은 광고에 적잖이 예산을 투입했다. 자사 상품을 홍보할 더 좋은 도구는 없었으니까. 지금 생각하면 그때는 맞고 지금은 틀린 그 방정식을 우리는 오랫동안 유지해 왔다.

'그때는 맞고 지금은 틀리다', 의식주(衣食住) 스몰 브랜드의 반란

디지털 시대 프로세스는 완전하게 바뀌어서 미디어의 권력도, 대기업의 머니파워도 약화되고 권력은 수많은 곳으로 빠르게 분화됐다. 오랫동안 대기업이 길목을 장악해서 자기들만의 리그를 형성한 기존의 루트가 느슨해지고 '길목'이 아예 사라지면서 산업의 판이 바뀐다. 마치 고속도로가 뚫리면 중간의 동네 상권이 모두 사라지는 것처럼.

기업의 규모는 큰 영향력이 없어졌다. 돈의 힘으로 이뤄진 유인책들이 별반 힘을 쓰지 못하는 상황이 되자 그들만의 리그 사이사이에 스몰 브랜드들이 야금야금 들어가기 시작했다. 감각적인 인스타그램과 온라인 플레이만으로도 길목을 파고들 수 있게 된 것이다. 가히 언더그라운드 마이크로 브랜드들의 반란이다.

특히 패션 뷰티산업에서 인스타그램은 결정적이고 절대적인 역할을 한다. 인스타그램이 미디어로 정착해가고 시장이 바뀌면서 비주류 디자이너에게도 동일한 기회가 부여된다. 실제 아직 과거의 잔재가 남아있는 레거시 미디어, 특히 패션 매거진에서는 무명의 디자이너 브랜드를 외면하기 일쑤지만 고객들이 인스타그램을 통해 먼저 찾아오는 일은 더 이상 새롭지 않다. 이제 에디터나 스타일리스트 같은 '전문가'라는 이들의 취향에 의존하지 않는, '나의 취향'이 더욱 중요한 시대가 온 것이다.

인스타그램에서 시작해 이제 연매출 1,000억원대를 찍은 여성복 브랜드의 마뗑킴을 비롯 마르디메크르디, 캐주얼 마리떼프랑소와저버(이 세 브랜드는 요즘 잘 나가는 '3마'로 불린다), 세터, 남성복의 드로우핏, 쿠어, 인사일런스, 패션잡화 이미스, 스탠드오일, 아뜰리에 드 루멘, 마지서우드 등, 복종을 막론하고 출현한 온라인 출신 신생 브랜드들의 세대교체 바람이 거세다. 동대문 출신 코드그라피의 경우 무신사에서 실력을 인정받은 후 오프라인까지 확장, 1,000억을 바라볼 뿐 아니라 일본을 시작으로 글로벌 진출도 본격화했다.

뷰티 부문에서는 글로벌 시장에서 실력을 입증받은 달바, 에이피알, 티르티르, VT, 닥터지, 넘버즈인, 탬버린즈(젠틀몬스터의 뷰티 브랜드)를 비롯 쑥쑥 크고 있는 힌스(2023년 LG생건에 매각), 힙드, 아멜리, 디어달리아 등 스몰 브랜드의 숫자가 부지기수다. 게다가 일본, 미국의 중고가 뷰티 시장을 빠르게 키워나가고 있으며, 심지어 미국에서 먼저 론칭 후 국내로 역수입되는 브랜드도 있다. 2023년 기준 한국의 화장품 수출은 세계 200여 개 국가 중 4위를 차지하고 현재는 미국이 최대 수출국으로 부상했을 정도다.

유기농 못난이 농산물 정기배송서비스 어글리어스는 2021년 설립 이후 불과 3년 만에 누적 회원 수 20만 명, 재구매 고객 비율 88%라는 놀라운 성과를 만들어냈다. 입소문과 SNS만으로 자발적 고객이 확보되는 이들의 마케팅 비용은 놀랍게도 매출의 3% 이하. 인센스(향) 브랜드 콜린스는 요가라이프를 즐기는 고객을 좁고 깊게 공략해 인지도를 높였고, 그릭요거트 그래놀라 등으로 시작한 그릭데이즈는 마켓컬리에서 존재감을 키운 뒤 오프라인 요거트 전문점으로 확장 중이다. 인테리어 소품 모스, 예쁜 수제비누 한아조도 각자의 영역에서 존재감을 키우고 있다.

빅스타가 아니라 인스타그래머, 파워블로거, 유튜버 등 크리에이터 출신들이 브랜딩에 성공한 케이스는 일일이 열거할 수 없게 많고, 매일 새로운 이름이 등장하고 사라진다. 이들은 기존

레거시 브랜드들과는 기획, 제조, 마케팅에 이르는 모든 방식이 다르다. 일부 디자이너나 스몰 브랜드들의 경우 '드롭 방식[**]'으로 상품을 제안, 오히려 소비자들을 리드하기도 한다. 이런 흐름의 이유는 명확하다. 스몰 브랜드들이 스스로 반란을 일으킨 게 아니라 디지털 환경 속에 소비자들의 정보 습득과 구매의 여정이 바뀜으로써 이런 생태계 토양이 만들어진 것이다.

소비자, 스스로 정보를 생산, 공유, 전파하는 '찐 권력자'

특히 Gen Z 소비자의 패션 뷰티 제품 구매 여정은 온라인으로 전면 전환됐다. 인스타그램이나 팔로잉하는 인플루언서의 추천에 따라 SNS에 연결된 DTC 몰(Direct to Consumer 소비자와 직거래하는 형태의 비즈니스, 자사몰, D2C)을 통해 상품을 구입한다. 관심 있는 상품은 직접 검색해 관련 게시물을 탐색하고 경험자들의 리뷰와 세부정보를 지속적으로 파악한다. 잘 알려진 브랜드 제품 경우 자사몰 내 '핫딜(hot deal)', '타임세일(time sale)'이나 라이브방송을 통해 구입한다. 인지부터 검색, 결제까지 전 과정이 온라인, 소셜 미디어, 이커머스 내에서 동시다발적으로 발생하는 것이다.

[**] 드롭(Drop) 방식 : Drop은 '떨어뜨리다', '떨구다'라는 뜻으로 시즌에 따른 전통적인 선기획 방식이 아니라 특정 요일, 특정 시점에 특정 제품을 판매하는 방식. 원래는 슈프림에서 시작한 방식으로 럭셔리 브랜드들의 한정판 제품 판매방식으로 자주 사용됐다.

젠지뿐 아니라 이제 전 세대 소비자들이 소셜 미디어 플랫폼에서 많은 시간을 보내며 콘텐츠를 소비하거나 생산한다. 이 정보는 타인의 경험으로 이어지고 그 경험은 다시 널리 퍼지면서 또 다른 경험을 자극하고 공유를 만들어내고 전파되면서 이 무한의 과정은 기업을 꼼짝 못 하게 만든다.

SNS의 포스팅, 리포스팅뿐 아니라 후기, 댓글, 대댓글에 이르는 경험과 공유의 찐정보들은 과거 기업들이 물건을 팔기 위해 의도적으로 만들어낸 정보, 광고들과 비교할 수 없는 신뢰를 만들어낸다. 인플루언서와 동료, 불특정하지만 구체적인 경험담을 남긴 경험자의 추천을 더욱 신뢰하며 이런 추천은 많은 이들의 상품 구매에 적극적인 영향을 미치며 확산된다.

이들 중 일부는 적극적으로 자신의 팬덤을 만들어나가면서 과거의 미디어가 했던 비슷한 방식으로 여론을 형성한다. 팬(팔로워)들에게 콘텐츠(정보)를 공급하고 더 나아가 그 정보에 합당한 물건을 판매하는데, 이 파워는 가히 놀라울 정도라 기업이 파는 물량을 능가하기도 한다. 스스로가 브랜드이자 유통이 되는 것.

물론 이 중에는 허세나 가짜도 있고 인플루언서의 과욕이 우를 범하기도 한다. 하지만 진정성과 정보 공유, 투명성이 중시되는 데다 감시기능도 활발해 거짓 정보가 발견되면 가차 없이 나락행이다. 피크에 올라갔다가 지옥행 열차를 타고 떨어진 적잖은 이름의 인플루언서와 브랜드가 얼마나 많은가. 하지만 한 개인이 취향 공동체의 리더이자 콘셉트 메이커가 되고, 유통이 되고, 기업이 되어가는 이 과정은 경이로울 정도다.

이와 같은 패러다임의 변화는 기존 전통 업체들에게는 생존을 위협하는 요소이지만 새로운 주자들에게는 큰 기회이기도 하다. 현대, 롯데, 신세계의 자리를 온라인에서 차지한 무신사를 비롯 W컨셉, 지그재그, 29cm, 에이블리 외에도 많은 플랫폼들의 파워를 키웠고, 지금도 그 안에서 수많은 스몰 브랜드들이 성장하고 있다.

디지털 도구에서 인공지능까지, 누가 잘 활용하느냐가 키!

모바일 또는 온라인을 통해 국경을 넘어 자신의 상품을 해외에 판매하는 크로스보더 이커머스(Cross-border Ecommerce, 이하 CBE)도 자연스럽게 활성화되고 있다. 쉽게 말해 '역직구(해외 상품을 직구하는 반대 의미)'인 CBE는 중간단계(바이어)를 생략하고 해외 고객에게 내 상품을 직접 판매하는 것이다. 이커머스 산업의 발전으로 고객들의 상품 구매와 배송, 결제, CS(고객관리) 등 여러 면에서 기술과 서비스 방식이 더욱 고도화됐기 때문이다.

이런 흐름에 따라 자사몰이 점점 중요해지고 있지만 D2C, DNVB(Digital Native Vertical Brand 디지털 태생의 브랜드로 중간 유통 없이 직접 소비자에 판매하는 브랜드) 비즈니스는 치명적인 단점이 있다. 빅 플랫폼과 경쟁하기 위해 마케팅과 디지털 고도화에 많은 돈을 계속 투자해야 하며, 이로 인해 가격과 수익 구조에 약점이 생기기도 한다.

하지만 이야기는 여기서 끝이 아니다. 바로 AI의 진화가 앞으로 세상을 다시 한번 바꿀 것이기 때문이다. 하루 자고 나면 또 새로운 기술과 서비스가 등장하는 세상이다. 이제 더 이상 빅플랫폼(아마존이든 쿠팡, 네이버, 무신사든)에 들어가기 위해 기를 쓰지 않아도 내가 똘똘한 자사몰을 갖추면 영리해진 알고리즘에 의해서 내 브랜드의 테이스트에 맞는 소비자들을 날라다 주기도 한다. 내가 가는 게 아니라 소비자들이 나에게 찾아오는 것이다.

앞으로 '글로벌'해지기 위해 따로 무엇을 기획, 생산, 판매하거나 투자를 하지 않아도 이 디지털 생태계를 누가 더 잘 활용할 것인가에 따라 얼마든지 도달 가능한 세상이 온다. 어쩌면 중간의 플랫폼 혹은 비슷한 기능의 중간자들의 역할은 완전히 사라질 수도 있다.

온라인과 오프라인의 경계도 사라지고 그들만의 리그에서 누구나의 리그로 변화했다. 패션 전문가들이 패션비즈니스를 리드하고 있는가도 이제 명확지 않다. 아니, 이제 과연 '전문가'가 누구인가도 잘 모르겠다. '패션 선진국'의 존재와 그들의 독점력이 앞으로도 유효할까도 미지수다. 이런 디지털 생태계 안에서는 개인이 할 수 있는 스몰 비즈니스 모델은 무궁무진하다. 20세기의 모든 문법이 사라지는 지금, 분명한 것은 후배들의 미래는 이제 자기 색깔이 명확한 브랜드의 시대라는 사실이다.

라이프스타일 만드는
취향 장사

라이프스타일(Life Style).

이 단어만큼 명료하면서도 동시에 애매한 단어가 있을까.

"그건 그 사람의 라이프스타일이지" 이런 식으로 일반인들 사이에선 평범하게 사용되는 일상어인데, 막상 이를 산업계에서 실제 구현하는 것은 말처럼 쉽지가 않다.

기억을 되살려보면 패션 업계에서 이 단어가 사용되기 시작한 것은 90년대, 어쩌면 그 전일수도 있다. 패션은 태초부터 브랜드 콘셉트를 만들 때 대부분 페르소나*를 설정 그의 스타일을 정의하는 것에서 시작했으니까. '도시에 거주하는 20대 후반, 모던하고 활동적인 라이프스타일을 지향하는 전문직 종사자 엘리

---

* **페르소나(Persona)**: 고대 그리스 가면극에서 배우들이 쓰던 가면. 패션업계에서 뮤즈와 비슷한 의미로 사용된다.

트 여성' 이런 식으로…. '라이프스타일'이 들어가지 않으면 패션 브랜드의 콘셉트를 논할 수 없었다. 삶의 양식과 패션의 선택은 그만큼 불가분의 관계기 때문이다.

2000년대 들어 브랜드들이 소비자들의 개성화된 삶을 만족시키기가 점점 어려워지자 원브랜드 원샵으로 변화 속도를 따라가지 못한다는 자각에 멀티숍, 셀렉트숍 콘셉트를 지향하게 된다. 다양한 카테고리와 경험, 스토리를 전달하기 위해 기존 의류 매장에 패션잡화는 물론 쿠션, 방석, 도자기, 화병, 찻잔, 접시 같은 리빙 소품들을 구성하는 게 유행한다. 인도산 도자기와 그릇, 태국산 수직 실크, 테이블웨어들이 단골 메뉴로 등장한다.

이런 '유행'은 백화점 차원에서 대대적으로 실행되기도 했다. '라이프스타일 백화점'을 표방하는 빅3 백화점의 한 점포는 입점 브랜드들에게 이 MD 정책을 하달(?)한다. 트렌드는 받아들이되 스스로 바잉하는 위험부담을 피하고 싶은 백화점의 전략적 선택이다. 매장마다 백&슈즈, 모자와 양말 등 패션잡화를 구성하고 도자기와 쿠션을 수입하며 매장 일부를 커피숍으로 꾸미거나 커피 머신을 들여놓느라 몸살을 앓았다.

이런 매장들은 그럴듯해 보이지만 출혈을 피할 길이 없다. '차별화'를 위한 수입이 대부분, 이탈리아, 프랑스 등지의 트레이드

쇼에서 소량 바잉하거나 손맛이 탁월한 인도, 태국 시장을 뒤져 사온다. 편집숍이 일찍부터 발달한 일본과 가성비 좋고 없는 게 없는 중국에 뛰어가 보따리로 사 오기도 한다. 다리품을 팔다 보니 바잉 예산은 물론 해외 출장비와 배송료 통관절차 등 비용이 상상 이상이다.

문제는 재고다. 경험도 치밀한 머천다이징도 없이 감각적으로 사 오다 보니 멋있어 보이던 아이템들이 얼마 지나지 않아 먼지가 쌓이고 물량도 많지 않아 점점 계륵이 되어간다. '라이프스타일 제품'이라고 불리던 아이템들은 창고를 채우다 결국 클리어런스 세일로 원가 이하에 팔게 된다.

'라이프스타일'이 패션업계를 한층 더 혼란케 한 것은 코로나 이후다. 모임도 식당도 술집도 끊고 집안에 갇혀 지내게 되자 오랜 세월 밖으로 돌던 유희의 삶에서 강제적으로 집안에 정착할 수밖에 없어진 사람들. 가족과 함께 하는 식탁의 행복과 혼자만의 휴식, 집에서 즐기는 영화, 음악 등 각종 취미활동과 요리, 가드닝, 건강을 위한 홈트(홈트레이닝)와 헬스, 요가, 필라테스, 발레 등 다양한 영역의 실내 스포츠가 부상한다.

'라이프스타일' 분리된 주(住) 생활로 인식 오류와 시행착오
그동안 SNS를 장식하던 '특별한 외출'에서 내 방과 거실, 주방, 식탁과 직접 만든 음식 레시피 등 소소한 일상이 포커싱되다 보니 집안의 인테리어나 가구, 리빙 소품, 식기와 주방용품 등이 주목을 받는다. 갑자기 주(住) 라이프의 중요성이 확 부각된 것. 미디어와 사람들은 이것을 '라이프스타일'이라고 불렀다.

가뜩이나 트렌드 리더로서의 포지션을 잃고 위축돼가던 패션업계에는 위협이 아닐 수 없었다. 이미 코로나 전 패션에 대한 관심이 F&B(Food & Beverage, 식음료 등 푸드 비즈니스)로 쏠리던 차에 명품이 아니면 옷은 더 이상 소비자들의 관심사가 아니게 변화했다. 코로나가 종식된 후 사람들의 삶은 다시 예전으로 돌아갔을까? 이미 3년간 다양하고 세분화된 취향의 삶으로 건너온 요즘의 소비자들, 다시 과거로 돌아갈 리는 없다.

여기까지가 그동안 '라이프스타일'에 대한 시행착오의 스토리다. 이 착오의 핵심은 한마디로 '라이프스타일'을 의식주(衣食住) 중 주(住)라고 생각한 데 있다. 의식주가 통합돼 삶에 녹아든 문화로서의 라이프스타일이 아니라 '의→ 식→ 주'가 따로 떨어져 선형적으로 발달해온 우리의 환경 때문이다. 이렇게 될 수밖에 없었던 이유도 명확하다.

중세와 르네상스, 프랑스 대혁명, 산업혁명을 거치는 근대화 과정에서 귀족들의 삶이 대중으로 확산되는 자연스러운 시간의 과정을 거쳐 문화, 라이프스타일로 정착돼 온 서양의 그것과 남의(서양의) 것을 복식부터 받아들인 우리 사이의 갭이다. 우리는 시민혁명(프랑스 대혁명)으로 계급이 사라진 프랑스와 달리, 중세 도시국가의 흔적을 고스란히 안은 채 근대화된 이탈리아와도 달리 궁중과 양반의 삶이 대중으로 확산되지 않은 상태에서 근대화의 과정을 거쳤다.

게다가 전쟁 후 폐허가 된 이 땅에서 경제성장으로 나라를 일으킨 불쌍하고 고마운 우리의 부모세대에게 문화와 패션, 라이프스타일을 논하기는 어렵다. 경제개발로 그나마 '먹고사니즘'이 좀 해결된 이후 패션과 문화를 접하며 열심히 선진국을 따라 달린 건 우리 세대다. 하지만 94년 1인당 GDP 1만 달러부터 중간(97. 98년)에 IMF를 거쳐 2006년 2만 달러로 달려오는 동안 전후 세대보다는 좀 낫지만 산업 역군으로서의 역할에 충실하느라 '라이프스타일'이라고 얘기할 만한 풍요의 삶이 없었다는 것을 솔직히 고백한다.

그저 우리에게 스타일의 표현은 패션이 거의 유일했던 것 같다. 옷만 좀 잘 차려입은 밖에서의 삶(온타임)이 제법 번지르르한들 집에서의 삶(오프타임)은 그다지 수준 높지 못했던 게 사실이다. 여전히 3세대가 함께 사는 대가족과 가부장제의 삶이었고, 개인의 취향은 아직 호사라고나 할까.

때문에 사람들의 생활패턴은 비슷하고 단순했다. 직업도 블루컬러냐 화이트컬러냐 정도, 회사 생활은 나인투식스와 매일 반복되는 야근에, 집에 오면 씻고 잠자기 바빴다. 문화생활이래 봐야 TV, 라디오, 책 읽기, 영화관 정도…? 휴식도 레저도 주말 라이프도 심플했다. 5일제 근무도 아니었고, 여행은 1년에 3박 4일 여름휴가, 생활 반경도 일과 집, 백화점 쇼핑 정도. 무슨 라이프스타일이 그리 다양했겠는가.

1인당 GDP 3만 불 기준, 이제 '삶의 질'을 논할 만하다

해외 출장 가서 런던의 더콘란샵(The Conran Shop) 같은 곳에 가면 그들의 '멋짐' 폭발하는 삶의 수준에 대해 깊은 심연에서 삐져나오는 부러움과 경이로움을 느꼈다. 대체 이들의 문화의 본질과 뿌리는 무엇인가. 들어가면 나오기 싫을 만큼 그 매장을 좋아했지만, 한편 주눅도 들었다. 어떻게 저렇게 경계 없이 의식주(衣食住)가 완벽하게 버무려져 있는 걸까. 우리에겐 왜 이런 삶이 없고 우리는 왜 이런 걸 만들지 못할까.

여기까지는 왜 우리가 수준 높은 '라이프스타일'을 구현하지 못했느냐에 대한 변명이었다. 그래서 대체 라이프스타일이 뭐냐. 라이프 스타일은 이 시대에 사람들이 각자 삶을 추구하는 방향, 방법, 방식이다. 이것은 살아오면서 경험하고 축적된 생활 태도이자 취향이고 지향하는 삶에 대한 컬러이자 스타일이다.

사고방식, 습관, 취미, 취향 등 이너라이프(마음)부터 인도어라이프(실내)와 아웃도어 라이프(실외), 심지어 스피리추얼 라이프

(정신)에 이르기까지 시간과 공간의 활용과 안배, 자신을 표현하는 유형·무형의 방식, 쇼핑과 놀이, 신앙과 자기계발에 이르는 전 인간적인 태도를 의미한다. 의식주의 주(住)가 아니라 의식주(衣食住) 전 생활을 관통하는 생활 태도, 삶을 지향하는 방향성이 라이프스타일인 것이다.

어떤 사람은 미니멀라이프, 혹은 맥시멀라이프, 저가형 유니클로 같은 가성비를 추구하거나, 반대로 고급, 고가지향에 좋은 물건 하나를 구매하는 스타일을 추구하기도 한다. 도시지향형이냐 자연친화적이냐, 럭셔리 지향이냐 빈티지 지향이냐로 나뉘기도 한다. 북유럽 스타일, 휘게, 라곰 등 문화에 뿌리를 둔 라이프스타일도 있고 미니멀을 지나 아예 무소유의 삶을 지향하는 사람도 있다.

이것은 정답 혹은 오답이 있는 게 아니다. 1000명이 있다면 1000가지의 라이프스타일이 존재한다. 일정한 라이프 스타일에 따라 이를 만족시켜주는 패션 브랜드와 음식이 있고, 그에 따라 주거형태도 달라지며, 실내 분위기와 방 인테리어, 정원의 모습과 여행 스타일도 달라진다. 대칭적이고 아기자기하며 기교적으로 멋 부린 서양의 정원과 비대칭, 여백의 미를 강조하는 한국의 자연스러운 정원처럼 완전히 다른 세계인 것이다.

이너라이프~아웃도어까지, 전 생활 지배하는 삶의 태도

물론 이것은 1인당 GDP 3만 불이 넘어 먹고사는 것이 해결된 이후라야 얘기가 가능하다. 경험하지 않은 라이프스타일은 패션 매장에 어울리지 않는 도자기와 쿠션을 갖다 놓는 따라쟁이 수준일 수밖에 없기 때문이다. 2020년 3만 불의 고지를 넘은 대한민국, 이제 후배들의 삶은 진정한 라이프스타일을 논할만한 충분한 수준이 됐다.

먹고사니즘보다는 잘사는 고민으로 사는 요즘 젊은 세대는 나이도 직업도 다양해지고 혼자 사는 1인 가족도 많고 결혼을 하지 않든, 아이를 갖지 않든 각자의 선택이다. 취미도 취향도 너무 다양해서 일일이 거론하기 어렵다. 때문에 과거 라이프스타일을 분류하던 단순한 방식으로는 담을수가 없다. 훨씬 복잡하고 세분화됐기 때문이다.

생활이 단순할 때는 트렌드(유행)에 따른 획일화된 패션과 극심한 쏠림현상이 있었는데, 지금은 다양한 카테고리가 생기고 무엇을 추구하느냐에 따라 취향과 라이프스타일이 연계된다. 그에 맞는 취향 저격의 스타일과 아이템 구성이 필요한 것이 비즈니스 기회가 된다. 이런 기회가 지금 후배들 앞에 활짝 열려있다.

대표적으로 여행 라이프이다. 남녀노소 지금 사람들의 삶에서 여행이 차지하는 비중은 상당히 높아졌다. 1년에 한 번 가는 여름휴가가 아니라 매우 일상적인 로컬 여행이나 주말 캠핑부터 해외여행, 각종 테마 여행 등 빈도수도 높아지고 종류도 다양해졌다. 과거처럼 출장이냐 휴가냐, 가족여행이냐 친구와의 여행이냐 등 2~3가지의 단순분류가 아니라, 트레킹, 온천여행, 인문학 문화여행, 갤러리를 도는 예술여행 등과 같이 테마에 따라 표현하고 싶은 스타일도 달라진다.

사람들이 요즘 새 옷을 산다면 여행복이 가장 시급하지 않을까. 편안함도 중요하고 멋진 사진과 영상도 남겨야 하니까. 하지만 비중이 커진 데 비해 우리나라 패션 시장에는 여행복(여행 라이프에 적합한 옷)의 개념이 존재하지 않는다. 구호를 좋아하는 사람은 구호스러운, 미샤를 좋아하는 사람은 섹시한 여행복을 좋아할 것이다.

이런 '취향' 중심의 여행복은커녕 간혹 브랜드에서 비슷한 옷을 기획해도 너무 고가에다 비중이 적어서 여행 씬이 매장에 잘 표현되지 않는다. 결국 평범하며 기능성이 없어 불편한 캐주얼 아니면 기능적이고 편하지만 못생긴 아웃도어 양자의 선택뿐…. 소비자들은 결국 온라인이나 가까운 아울렛에서 대충 적당한 아이템을 사거나, 컬러와 절개선이 마음에 들지 않아도 아웃도어를 사고 만다.

이런 마당에 소비자들이 지금의 패션 브랜드들을 좋아해 줄

이유가 있을까. 온타임의 외출복에 머물러있는 여성복과 남성복은 물론 아웃도어 브랜드들 역시 과거 급성장의 향수에 젖어 소비자들의 변화에 대응하지 못하고 있는 건 아닌지 가슴에 손을 얹어볼 일이다. 이런 틈새시장에 능력 있는 후배들이 많이 들어가 주면 좋겠다.

기획 방식, 일하는 방식, 아이템 틀 깨고 영역 넓혀야

이제 정말 중요한 것은 고객을 더 많이, 깊이 이해해야 한다는 것이다. 아예 처음부터 나는 어떤 취향의 고객을 겨냥할 것인가, 이들을 위해 어떤 옷을 만들 것인가를 재설정해야 한다. 옷의 스타일 수가 과거처럼 많을 필요도 없고, 가격이 비싼 게 좋다는 이분법 시대도 지나갔다.

기획하는 방식도 바뀌어야 한다. 어떤 고객을 향해 그들의 어떤 취향을 저격해 상품을 만들고 이를 매장에서 어떻게 구현하며 어떤 서비스를 할 것인가. 여기에 집중해야 한다. 그 '어떻게'라는 방식도 과거의 기획방식-'시즌기획'이라는 통기획 안에, 그것도 정장, 캐주얼, 온타임, 오프타임, 구두, 스니커즈 정도의 단순 분류가 아니라-이 아니라 지금 소비자들의 삶에, 어떤 라이프씬을 만족시켜줄 것인가로 더 구체적이고 세부적으로 접근해야 한다.

영역(아이템)의 한계도 깨야 한다. 과거의 좁은 틀로 지금 소비자들의 삶을 담을 수도 만족시킬 수도 없다. 확장도 의식주의 카테고리를 넓히는 게(횡적 확장) 아니라 잘게 쪼갠 취향을 중심으로 라이프의 카테고리를 깊이 팜으로써(종적 확장) 영역을 넓혀야 한다. 패션은 이제 '옷 장사'를 탈피해 고객들의 라이프스타일을 제안하는 '취향 장사'가 돼야 하지 않을까.

모범답안으로 참고할만한 브랜드는 여전히 무인양품이다. 이 브랜드가 가진 미니멀한 삶의 확고한 콘셉트와 그에 따라 정교하게 전 생활을 담아낸 포맷, 과하지 않게 구비된 상품구성, 사람들의 삶의 변화에 따라 점점 더 확장해가는 사업영역, 이 모든 것이 라이프스타일 그 자체다.

이 브랜드를 좋아하는 사람들의 방과 침실, 옷차림이 바로 상상되는 것만으로도 이들이 고객을 얼마나 정교하고 구체적으로 바라보고 있느냐를 알 수 있다. 이들의 고객층은 절대 넓지 않다. 아주 좁고 깊게 파는 무인양품의 고객전략은 우리가 꼭 배워야 할 덕목이다. 최근 이익률 감소로 고전하고 있다는 소식이 들려오나 잘 극복해낼 것이란 기대감이다. 기본이 탄탄한 브랜드는 위기에서도 배운다. 과거에도 여러 차례 그랬던 것처럼….

'삶의 질'이 높아진다는 것은 소비자들의 취향이 뾰족해진다는 것을 의미한다. 더 선명하고 세분화되며 쪼개진다는 것이다.

결국 진화라는 것은 확장이 아니라 나눔인 것 같다. 인간이 가진 시간과 재화는 정해져 있는 것이니 전체적으로 보면 섬(Sum)은 똑같지 않을까. 삶에서 여행이 늘어난 것도 생각해보면 확장이라기보다는 쪼갬이다. 주어진 시간과 예산 속에서 여행의 비중이 커지면 온타임을 위한 쇼핑보다는 아웃도어나 여행복이 훨씬 더 중요해지는 것이다.

생성형 AI시대,
도구가 인간을 자유케 한다?

디지털 트랜스포메이션이라는 단어에 겨우 적응한 지금 'ChatGPT 등 '생성형 인공지능'이 등장하면서 사람들은 또다시 혼란에 빠졌다. '디지털' 세상에서 좀 살 만하니 이제는 생성형 인공지능이 화두고 'AI 트랜스포메이션'의 시대라고 한다. AI가 사람들의 직업과 일자리를 빼앗아갈 것이라고 하는데 앞으로 개인의 미래는 어떻게 될 것이며 사람들은 제2의 인생을 위해 무엇을 준비해야 하는 건지, 또 기업은 무엇을 어떻게 바꿔야 하는 건지 막막하기만 하다.

이래서 역사가 필요하다. 역사는 계속 반복되는 현재의 거울이기 때문에 역사를 뒤돌아 보면 현재를 어떻게 바라봐야 하는지 한걸음 떨어져 볼 수 있는 지혜의 단초를 얻을 수 있다. 인류의 역사는 도구의 역사다. 굳이 구석기 시대까지 거슬러 올라가지 않더라도 인간은 굽이굽이 도구를 통해 생존하고 문명을 발전시켜왔다. 물론 그 안에는 전쟁과 파괴의 역사도 포함되지만….

패션의 역사를 보자면 한땀 한땀 옷을 지어 입던 긴 시간을 지나 증기기관이 방직산업에 이용된 방직기와 직조기라는 도구가 시발점이 된 산업혁명을 거쳐 재봉틀의 개발은 시대를 완전히 바꾸는 분기점이 됐다. 옷 한 벌을 만드는 데 수일이 걸리던 손바느질에서 수천 배 효율이 증가한 재봉틀은 개인의 삶뿐만이 아니라 의류를 완전히 산업화로 이끌게 된다. 맞춤복의 시대에서 기성복으로 넘어간 것도 이런 도구들로 인해 공장에서 옷을 대량생산 할 수 있게 됐기에 가능했다.

도구의 개발과 함께 재료의 혁신도 마찬가지다. 합성섬유의 대명사인 나일론의 탄생(1935년)은 20세기 최고의 발명품이라는 명성을 갖는다. 옷의 원료인 견(실크), 모(울), 면은 방직기와 방적기에 의해 가내수공업(인력)으로 생산돼 공급이 수요를 따라가지 못했다. 19세기 후반 다양한 종류로 개발된 합성섬유는 값싸고 질긴 덕분에 급속하게 대량화 대중화되면서 옷값을 떨어뜨렸고, 사람들의 의생활에도 큰 영향을 미쳤다.

역사적 변혁의 전과 후를 비교해보면 혁신으로 인해 사라진 것도 있지만 새로 등장하는 것도 있다. 역사에는 한 줄로 기록될 뿐이지만, 과거와 현재가 공존하는 시기도 길다. 자동차가 등장하면서 마차는 결국 사라졌지만, 100년 동안 두 가지 운송수단은 공존했고, 그러면서 서로 치열한 기 싸움을 했을 것이다. 어쨌든 자동차로 인해 장거리 여행이 활성화되면서 귀족들의 말안장을 만들던 장인들은 가죽 트렁크를 만들게 됐고 그럼으로써 럭셔리 브랜드의 탄생도 이뤄졌다.

에르메스, 루이비통, 고야드, 구찌 등 현존하는 대부분의 유럽 럭셔리 브랜드들의 출발이 말 안장에서 시작되는 것은 우연이 아니라 시대 변화에 기초하며 창업 장인들이 그 트렌드를 읽었기 때문이리라. 기성복이 활성화되면서 실력 있는 메종의 오트쿠튀르는 오히려 예술의 영역으로 들어가 부가가치가 높아졌고, 점차 수작업에 대해 높은 가치를 인정하는 문화도 생겼다. 물론 대량화, 기성화된 상품과 별 차이가 없는, 즉 부가가치를 인정받을 수 없는 것들은 역사의 뒤안길로 사라질 수밖에 없다.

싸고 튼튼한 합성섬유의 등장으로 인해 천연소재는 아예 없어질 것으로 여겨졌지만, 천연소재가 갖는 장점은 오히려 더 부각되고 가격도 가치도 더 올라갔다. 합성섬유의 로망이 '천연소재like'이듯이 천연소재 또한 더욱 부드럽고 미세하며 더 희소성 있는 소재로 발전, 이동한다.

늘 더 좋은 것을 열망하는 인간의 욕망은 천연섬유 중에서도 더 더 좋은 것으로 상향될 뿐이다. 캐시미어의 촉감을 몸이 알게 되는 순간 울 소재의 다리를 건너게 되고, 안티퍼(Anti-fur) 운동이 아무리 확산돼도 자르르한 촉감의 천연 모피가 지구상에서 사라질 수 없는 이치와 같다.

'사라지거나 등장하거나', 도구와 혁신의 역사 반복

뒤돌아보면 컴퓨터가 등장할 시기에도 지금 인공지능의 등장과 함께 대두되는 화두가 비슷했던 것 같다. 컴퓨터로 인해 사람이 필요 없어질 것이며 컴퓨터가 인간의 노동을 대체할 것이라는 믿음(?)이다. 하지만 컴퓨터와 인터넷의 존재로 인해 지난 십수 년간 우리의 일과 삶이 얼마나 편리해지고 얼마나 변화됐는지 생각해보라. 컴퓨터와 인터넷, 모바일로의 이동의 여정을 기억해보면 알 수 있다.

실제 패션뿐 아니라 모든 비즈니스에서 노트에 수기로 정리하던 고객관리와 영업, 재고 관리 등은 컴퓨터의 엑셀 표로 바뀌고 다시 이 표는 CRM이라는 솔루션 프로그램으로 바뀌었다. 생산관리, 판매와 리오더를 관리하는 머천다이징, 재고, 회계 등 계수화가 필요한 모든 '관리'는 컴퓨터 속으로 들어갔다. 기획, 생산, 판매 전 과정에서 이제 디자인을 포함한 상품기획의 크리에이티브한 부분만 제외하고는 거의 모든 프로세스가 컴퓨터라이즈된 것이다.

계수화뿐 아니라 감각 부분도 많이 변화했다. 사람이 감으로 판단, 측정해오던 컬러를 표준화함으로써 색채를 구조화 체계화시킨 팬톤 컬러는 표준배색을 만듦으로써 전 세계 디자인, 패션, 인쇄업계의 기준이 되는 색채 언어를 만들었다. 팬톤 컬러 시스템은 전 업계의 표준이 됐고, 팬톤의 컬러북은 디자이너들의 필수품이 됐다.

패션산업은 밸류 체인이 길고 복잡하며, 사람의 손이 많이 필요하다. 그럼에도 섬유패션산업의 프로세스가 도구와 기술로 인해 혁신적 변화로 이어진 예는 많다. 제한된 전문가의 손으로만 가능하던 패턴과 그레이딩이 캐드(CAD)로 들어가고, 3D 디자인 소프트웨어 분야의 세계적 리더 중 하나인 한국기업 클로버추얼 패션의 클로(CLO)는 샘플 개발 과정을 획기적으로 혁신했다. 클로로 작업하는 3D 가상 샘플 제작은 자원과 시간 낭비를 줄이고 리드타임을 줄여준다. 아직 이 도구를 이용할 수 있는 국내 디자이너 인력이 부족하다는 문제는 남아있지만….

뒤돌아보면 2010년대 중·후반 빅데이터의 열풍도 초기 얼마나 혼란을 가져왔던가. 하지만 시간이 가면서 데이터를 중요시해야 한다는 인식과 함께 빅데이터가 기업의 자산이 될 수 있다는 자각으로 이어졌다. 사실 수많은 기업들이 데이터라는 걸 창고에 잔뜩 쌓아만 놨지 통일된 기준에 의해서 수집되지 않다 보니 쓸모가 없는 경우가 대부분이었다. 혼란기를 거쳐 이제 데이터가 돈이라는 사실은 모든 기업에 기본이 됐다.

2020년대에 뜨거웠던 '메타버스'의 열풍은 다소 마케팅적으로 훅 달아올랐다가 꺼진 감이 없지 않지만, 지금은 애플의 비전프로(Apple Vision Pro)라는 도구와 함께 증강현실과 공간컴퓨팅 시대의 도래를 예고하며 전환점에 서 있다. 애플은 비전프로가 제2의 아이폰이 될 것이라는 기대감을 나타냈지만, 판매는 기대에 크게 못 미쳐 앞으로의 전망을 더 지켜봐야 하는 상황. 해외에서 더 인정받는 국내 메타버스 테크기업 알타바의 경우(얼마 전 LVMH 아르노 회장 방한 시에 이 회사를 방문해 화제가 됐다) NFT와의 결합으로 웹3.0 시대와의 연결고리를 자처하며 급성장 중이다.

2016년 알파고의 등장으로 AI와 머신러닝에 대해 관심이 높아진 이후 지금은 단연 ChatGPT로 촉발된 생성형 AI의 시대다. 물론 유례없이 이번에는 그 파고가 훨씬 높은 듯하다. 인공지능 개발회사이자 비영리단체인 오픈AI가 이 기술을 대중에게 공개해버린 탓에 너무나 빠른 진화속도를 전 인류가 여과 없이 접하게(눈과 손으로) 됐기 때문이다.

현재 기업들은 AI를 어떻게 활용해야 할지 아직은 가이드라인이 없는 가운데 AI 스타트업들이 제시하는 협업 서비스에 적극 눈을 돌리고 있다. 온라인 패션에서 가장 빨리 정착된 기술은 AI패션 태그(tag) 서비스다. 이 서비스는 의류 특징인식 기술로 사진 속 의류가 지닌 고유속성(소재, 컬러, 패턴, 부자재, 스타일 등)과 감성 키워드에 이르기까지 상품의 정보를 정확하고 충분하게 분류해준다. 데이터의 분류와 정리를 용이하게 하는 역할로 쉽고 빠르게 정보를 관리할 수 있음은 물론 고객들의 취향에 맞게 상품을 매칭해 주고 개인화와 유사상품 추천 등 고객을 위한 검색 필터를 제공한다.

패션 태그 서비스 안착, 생성형AI 광고 룩북 촬영 유용

패션은 많은 정보가 이미지로 함축돼있고 구매 결정에 개인의 취향이 많이 반영되는 소비재다. 패션리테일에서 고객에게 개인화된 상품추천 등의 서비스를 제공하려면 패션상품 자체의 정보가 제대로 설정돼있어야 한다. 고객이 제품을 검색하는 과정을 돕고 구매전환율을 높이기 위해서는 일관되고 체계적인 상품 속성 분류가 필요하기 때문이다.

이를 위해 수많은 패션상품을 태깅하는 것은 반복적이고 지루한 동시에 인력이 많이 필요한 일이다. AI 스타트업들은 이 기술을 활용해 패션전문가 수준으로 상품정보를 제공해주므로 판매자가 상품 속성 태그를 일일이 입력할 필요가 없다.

패션 태그 서비스가 기업들에게 활발하게 도입된 이유는 온라인 MD들의 영역이고 눈에 보이지 않기 때문이다. 옷의 소재와 여러 부속품들을 인식해 필터링할 수 있는 기술은 감각의 영역이 아니라 분류의 영역인 데다 인풋(의류 이미지)과 아웃풋(의류가 지닌 고유 속성들)이 명확해서다. MD들의 단순 업무를 AI가 줄여주고 필터링이 좀 잘못돼도 대세에 큰 영향을 주지 않기 때문이기도 하다.

광고와 룩북 촬영에서도 AI 활용범위가 넓어졌다. 광고용 이미지들은 원래 저작권을 위해 비용을 지불해야 하는데, 생성형 AI프로그램을 구독제로 사용하면 무제한으로 이미지를 만들어 사용할 수 있다. 물론 저작권 이슈는 아직 논란의 여지가 남아있다. 광고나 룩북 촬영시 모델도 인공지능 가상 인간 모델이 대체하고 있다. 이탈리아 패션 브랜드 에트로의 2024 S/S 시즌 캠페인 광고는 AI가 구현한 상상 속 이미지를 사용했는데 획기적으로 단축된 시간과 비용, 프로세스로 화제가 됐다.

이미 AI는 미술, 음악 같은 장르에서 사람만큼의 결과물을 만들어내서 정말 놀라운 수준이긴 하지만, 일상생활에 사용하는 의식주의 영역에 적용하기엔 아직은 무리가 있다. 특히 각 개인의 경험치가 많이 쌓여있는(옷은 날 때부터 계속 입지 않는가) 의류는 패션업계는 물론 일반인의 감각(안목과 실제 경험)까지도 매우 상향 평준화 되어있어서 더욱 그렇다.

일례로 AI가 디자인하는 의류라 한들 이미 감각적으로 어느 수준 이상 자신의 스타일을 갖고 있는 소비자들은 그만큼 또는 그 이상을 기대할 것이기 때문이다. 사실 테크 스타트업과 패션 전문기업이 현재 서로를 매우 필요로 하는 상황임은 분명하다. 디지털 전환을 위해 패션 기업에는 기술이 필요하고 테크 스타트업은 자신의 기술을 현실에 적용하는 결과치(커리어)가 필요하기 때문이다.

하지만 서로의 필요충분조건을 합치해가는 과정이 쉽지는 않다. 패션회사의 경우 기대하는 AI는 아트와 디자인 같은 감각적인 부분(비정형데이터)을 해결하는 것인데, 현재 업무에 바로 적용 가능한 AI는 그래프, 수치, 도표 등 정형데이터로 구현 가능한 것들이라 아직 그 갭은 크다. 때문에 이들의 상담의 과정은 길고 지난하다.

패션에서 AI로 판도를 바꾸겠다 하는 류의 패션 테크 스타트업들이 생긴 지 이미 4~5년이 지났는데, 이후 뭐가 확실하게 잘 됐다 하는 성공사례는 많지 않다. 어찌어찌 PoC*는 하지만 결과는 잘 나오지 않는다.

도구가 늘어날수록 실력 평준화, 한끝 감각 차이가 중요

이유는 뭘까? 아무리 중소기업이라 해도 기존 패션기업이 원하는 미감의 요구치 수준이 엄청 높기 때문이다. AI 로 패션디자인을 공급해주는 스타트업의 예를 들어보자. 작건 크건 패션기업의 경우 여러 명의 디자이너와 부서들이 긴 합의와 논의 과정을 거쳐 모든 상품이 최종 마무리되는데 AI 회사에서 만드는 디

---

* **PoC(Proof of Concept, 개념 증명)** : 검증하고자 하는 콘셉트를 구현해 시제품을 만드는 것으로 IT기업에서 큰 규모의 개발, 상용화 이전 기술의 실행 가능성을 확인하는 과정

자인은 디자인 툴을 베이스로 베이직한 디자인을 완성하는 정도의 레벨이다.

최종적으로 패션 회사에서 만족할 수 있을 정도의 준비가 되기 힘들다. 아니 그 수준은 거의 불가능에 가깝다. 때문에 서로 동상이몽인 경우가 많다. 패션 리더들이 AI를 이해하지 못하는 것처럼 AI 회사의 대표들도 패션을 알 수 없다. 대체로 어떤 걸 고려해야 하는지에 대한 스터디가 안 돼 있는 상태에서 기술이 개발되는 경우도 많다.

기술은 획기적일 수 있겠지만 패션기업이 원하는 요구치에 대한 학습이 안 돼 있어서 시간이 지날수록 그런 갭을 PoC 과정에서 느끼게 된다. 패션 쪽에서는 AI회사가 얘기한 게 다 허구라고 생각하고, AI회사는 해달라는 걸 다 해주는데도 왜 이렇게 계속 요구가 많나 생각한다. 사실 허구도 아니고 무리한 요구도 아니다. 그들은 서로 다른 영역의 사람들일 뿐이다.

패션업은 아무리 대량화됐다 해도 처음부터 끝까지 디테일 세상이다. 개인의 취향을 비즈니스화한 산업이기 때문에, 게다가 수십 년 동안 익숙해진 습성의 데이터가 워낙 많고 요구하는 수준도 높아서 경우의 수가 많다. '경우의 수'가 많다는 것은 예외가 많다는 것을 의미하고 그만큼 '학습'이 어렵다는 것이다. 스타트업의 개발자가 밤을 새워서 노가다로 원하는 숙제를 해가도 패션기업은 다음 미팅에 그보다 더 많은 양의 숙제를 갖고 나타나기 일쑤다.

패션디자인이건 배너 디자인이건 상세 페이지건 아무리 간단해도 모두 다 크리에이션 영역이다. 간단하다고 하지만 절대 간단치가 않다. 감각, 미감의 영역이기 때문이다. 선 하나, 점 하나, 누끼(외곽선 따내기) 하나도 타협할 수 없는 게 패션기업이다. 디자인은 물론 쇼핑몰의 기획전 배너 하나만 해도 디자인으로 통일감이 있어야 하고, 각자의 포맷과 크기, 규격, 이미지 등 룰이 무척 세세하다. 또 이 경우에는 이렇고 저 경우에는 저렇고 하는 변수와 예외도 많다.

한쪽에서는 AI가 다 해준다더니 왜 이것밖에 안 되냐 하고, 한쪽에서는 해달라는 걸 다 해줘도 끝이 없이 요구하는 피곤한 곳이 패션 분야이다. 결국 수십 번을 만나고 나서 얻는 결론은 "이렇게 안 되는 게 많으면 그냥 사람이 하는 게 낫겠는데?"이다. 새털같이 긴 시간 동안 패션 회사를 왕래한 AI 회사의 노력은 수포로 돌아가고 만다.

패션이 소비자들에 의해 온라인상에서 빠르게 디지털화되는 가운데에서도 패션산업은 타 산업에 비해 디지털 전환이 더딘 분야다. 채널은 다양해지고 대부분의 데이터가 비정형이며 복잡하고, 소비패턴은 더욱 개인화됨에 따라 예측 불가능성이 높아지고 있기 때문이다.

디자인 등 감각 부분의 대체는 아직 그 갭 속에서 싸우는 단계지만, 분명 이 기술도 계속 진화해나갈 것이다. AI 이후로도 편리한 도구는 계속 나올 것이고 그 도구를 누가 어떻게 잘 활용하느냐는 매우 중요한 차이가 될 것이 자명하다. 결론은 패션기업들이 똑똑해져야 한다는 것. 기술의 진화 과정을 관찰하고 그것을 패션의 도구로 잘 활용할 수 있는 실력을 키우는 것이다.

IT의 생태계 자체가 비전을 주로 논하기 때문에 기술에 대한 이해를 한 상태에서 소통하지 않으면 그 갭은 절대 좁힐 수 없다. 패션기업들이 원하는 수준의 비주얼과 감각, 미감을 만족시키기 위해서는 패션 회사에서 AI 스타트업에 적극 투자하고 육성하는 방법이 있지만, 사실 그런 배포를 가진 패션 회사들이 과연 얼마나 있을까는 의문이다.

결론은 그동안 기술의 발전에서 프로세스를 대체해 온 수많은 도구들처럼 AI도 곧 그렇게 될 것이라는 점. 캐드를 쓰고 CRM 솔루션을 도입하듯이 AI 툴을 활용할 날이 금방 다가온다. 어디에 어떤 기술과 도구를 어떻게 사용할 수 있을까를 좀 더 빨리 경험해 보고 공부해야 된다.

지금 같은 시대에 호기심이 없는 기업과 사람은 도태될 수밖에 없다. 이런 도구들이 많아질수록 규모의 차이는 중요하지 않고 차별화는 더욱 중요해진다. 도구는 누구나 쓸 수 있고 기본 실력의 차이는 점점 줄어들 것이다. 기술은 갈수록 상향 평준화되고 도구를 이용해 만들어내는 결과물의 차이는 결국 감성의 영역이 될 것이다. 말 안장을 만들던 수많은 장인들 중 럭셔리 브랜드로 태동한 것은 세상의 변화를 알아챈 안목과 사람들의 욕망을 만족시킨 손끝의 차이 때문이었다.

더 이상 K는 필요없다?!
K패션의 미래

요즘 서울 용산구 한남동, 성동구 성수동 연무장 거리를 걷다 보면 여기가 대체 어딘가 하는 생각이 드는 순간이 종종 있다. 거리를 오가는 사람들, 패션 매장이나 레스토랑 카페 안에서 들리는 소리들은 다양한 다국의 언어들이다. 중국어, 일본어, 영어 정도가 들려오던 과거와는 사뭇 달라진 풍경이다. 게다가 아직 규모가 적은 디자이너 브랜드의 매장 안에서 쇼핑을 즐기고 있거나 매장 앞에 많은 관광객들이 웨이팅하고 있다. 명품 매장 못지않은 대기줄은 다소 비현실적이다.

K팝과 K드라마, 영화 등 컬처 콘텐츠에서 시작한 K붐이 뷰티로, 다시 패션으로까지 이어지고 있다. 얼마 전 일본 한큐백화점 우메다 본점에서 열린 마땡킴의 오사카 팝업스토어는 오픈 첫날

부터 일본 인기 인플루언서들이 방문해 화제를 모았고, 매장 오픈 전부터 줄을 서는 오픈런 현상이 발생하는 등 흥행에 성공, 누적 매출 7억 원을 달성했다.

이후 도쿄 파르코 시부야점에서 약 일주일간 진행된 팝업스토어는 행사 시작 일주일간 매출 3억5000만 원을 달성했고 개점 전부터 600여 명이 줄을 서는 진풍경을 연출했다. 오픈 당일 입점 고객 수가 3000명을 돌파하며 일본에서 열린 국내 패션 팝업 매장 중 최다 방문객을 기록했다.

인플루언서로 출발한 마땡킴은 강력한 팬덤을 형성하면서 브랜딩에 성공, 하고하우스의 인큐베이팅 투자로 급성장했고, 창업자이자 디렉터인 김다인 씨와 결별한 이후에도 브랜드는 성장을 계속 이어가고 있다. K패션 흥행 주역으로 연 매출 1,000억 원 고지를 가볍게 넘어섰으며 국내에서의 성과를 토대로 도쿄에서의 낭보를 보내온다.

커다란 플라워 프린트로 히트친 마르디 메크르디 역시 연매출 1000억 달성을 앞두고 있다. 안다르와 젝시믹스 등 요가복 브랜드의 일본 진출과 함께, 널디의 경우 도쿄 미국 베트남으로 확장 중이다. 무신사의 도쿄 팝업도 좋은 결과를 기록했으며 뒤이어서 많은 국내 브랜드들이 일본 진출에 대해 상당히 자신감을 얻으면서 기대감을 증폭시킨다.

이런 붐의 출발은 역시 K-POP이다. BTS와 블랙핑크 덕분에 촉발된 K-POP의 인기로 K컬처에 대한 관심이 높아진 이후 한국 영화의 격상(〈기생충〉, 〈미나리〉 등), 넷플릭스에서 K드라마(〈오징어게임〉 등)가 전 세계적인 인기를 얻게 되면서 K컬처에 대한 관심이 증폭됐다.

루이비통이 방탄소년단과의 협업을 진행할 당시 남성복 수석 디자이너인 고(故) 버질 아블로는 "럭셔리와 컨템포러리 문화를 융합시켜 루이비통의 새로운 장을 써 내려가는 이 작업이 매우 기대된다"라고 밝혔다. '컨템포러리'라는 것은 '동시대의', '현대의'라는 의미로, 지금 핫한 콘텐츠는 K-POP이라는 말이 행간에 녹아있다. 전 세대에 비해 일찍 럭셔리에 눈뜨는 MZ세대, 알파세대의 소비 특성과 함께, 이 소비자로 이동하는 럭셔리 시장의 새로운 물결에 대응하기 위해 이들의 마음을 움직일 메신저로 K-POP 스타들을 점찍은 것이다.

K-POP 아이돌스타, 럭셔리 패션브랜드 앰배서더로 활약

블랙핑크의 제니, 로제, 지수, 리사 전원을 비롯해 국내 아이돌 스타와 배우들은 샤넬, 루이비통, 구찌, 프라다, 발렌티노, 디올, 셀린느, 생로랑 등 글로벌 빅 브랜드의 앰배서더로 속속 발탁됐다. 럭셔리 브랜드의 컬렉션장 프런트로에 이들 자리가 마련되고 수많은 행사에서 화려한 스포트라이트를 받는다.

하지만 사실 앰배서더 자체는 그들의 비즈니스를 위한 것일

뿐, 우리와는 무관한 일이다. 아이돌스타의 글로벌 영향력이 산업과 연계될 때 비로소 국가적 실질적 부가가치가 만들어질 수 있다. 블랙핑크, 뉴진스와 아이브의 패션과 취향, 일상 등이 세계인들에게 부각되기 시작하면 뷰티와 패션 브랜드들은 자연스럽게 이들의 인기에 묻어가는 호사를 누리게 된다. 가장 빠른 속도로 세계 소비자들을 홀릭할 수 있는 것은 뷰티와 패션 푸드 등 의식주, 즉 취향, 일상의 삶과 관련된 소비재 업종이기 때문이다.

이 열매를 발 빠르게 먼저 딴 것은 뷰티 산업이다. K뷰티는 COVID-19 기간 동안 이미 일본에서 먼저 부상했다. 럭셔리를 제외하고는 일본 국내 브랜드의 선택지가 그다지 많지 않은 일본 뷰티 업계의 틈새시장을 파고들어 다양한 소비자들의 욕구를 기민하게 공략했다. 아시안에게 선망이 되는 비주얼을 잘 만들어내는 기획력, 마케팅력이 뛰어나고 가격이 합리적이면서도 상대적으로 퀄리티가 높은 점 등이 주효했다. 소비자들의 욕구를 세밀하게 맞추는 K 뷰티의 전문성과 실력은 일본 여성들을 정확히 공략했고 적중한다.

특히 이런 결과는 한국콜마와 코스맥스라는 실력 있는 숨은 실세 ODM 제조기업의 세계 최강 제조·개발 실력(伊 인터코스와 함께 세계 3대 화장품 ODM 기업)이 있기에 가능했다. 제조·개발력을 가진 파트너의 실력에 신생 기업들의 톡톡 튀는 아이디어와 기획력이 합치된 합작품으로 K뷰티는 나날이 성장하고 있다. 일본에 이어 미국 시장에서도 그 파워를 급속하게 확장하는 중이다.

전 세계적으로 파편화되는 시장 변화 속에 특히 MZ 세대 소비자들은 지명도나 브랜드명보다는 정확한 성분과 리뷰, 평판으로 상품을 구매한다. 결과, 무명에 가까운 한국 중소기업 뷰티 제품들이 매출 상위권을 휩쓸고 있다. 이 기업들은 트렌디한 워딩으로 자사 제품을 뾰족하게 어필하고 고객 의견을 즉각 반영한 신제품을 내놓는 등 제품 개발과 생산 속도가 빠르다. 이 부분 역시 ODM 제조기업과의 찰떡 파트너십 덕분이다.

글로벌 전자상거래 사이트 아마존의 할인행사인 아마존 프라임데이에서도 한국 뷰티 브랜드들이 화장품 부문 상위권을 차지했다. 최근 연간 화장품 수출의 70%가 중소기업의 성과일 정도. 2024년 한국 화장품 수출 추이도 주 수요처였던 중국(약 12억 달러) 비중이 줄어드는 대신 미국(8억 7000만 달러)과 일본(4억8000만 달러) 비중이 늘어났다.

물론 패션도 일찌감치 자신만의 길을 개척해온 브랜드들이 있다. 글로벌 진출 1세대인 우영미, 준지를 비롯 앤더슨 벨은 글로벌 명품 온라인 편집숍 네타포르테에서 품절 사태를 일으켜 화제가 됐고, 로우클래식도 파리의 유명 쇼룸에서 세계적 브랜드와 어깨를 나란히 한다.

최연소 파리의상조합 정식 멤버로 진지함과 본질에 충실한 행보를 보여주는 디자이너 김해김과 런던을 베이스로 활동하는 박소희의 오트쿠튀르 브랜드 미스소희도 주목할 만하다. 외국에서 먼저 알려진 이들은 한국적 아름다움을 기품있고 정교하게 풀어내 자신만의 방식으로 독창성을 인정받아가고 있다.

한국콜마, 코스맥스. '제조력+아이디어'로 K뷰티 히트

K뷰티처럼 패션에서의 산업적 붐은 이제 막 발화되기 시작한 것 같다. 청신호를 증명하듯 한남동과 성수동에 자리 잡은 디자이너 브랜드들의 매장은 외국인 관광객들로 가득 차곤 한다. 외국인들 특히 MZ세대들이 백화점, 면세점 등 거대 유통보다는 패션, 뷰티, 음식, K팝 등 다양한 한국 문화를 경험할 수 있는 플래그십 매장을 선호하기 때문이다. 아시안은 물론 북미, 유럽 고객들도 빠르게 증가하고 있다.

마땡킴, 마르디 메크르디, 스탠드 오일, 마리떼프랑소와저버, 드파운드, 타낫, 글로니, 먼데이에디션, 이미스, 쿠어, 패사드(향수), 제너럴 아이디어(디자이너 최범석), R&R(레스트& 레크리에이션), 블루 엘리펀트(선글라스), 르, EPT(신발), 락피시(신발), 뷰티브랜드인 논픽션, 힌스, FWEE(퓌), 탬버린즈…

이런 브랜드들을 대체 어떻게들 알고 매장을 찾는 것일까. 외국인들은 대부분 입소문과 아이돌 스타에 대한 소셜미디어, 아시아권에 인기가 높은 샤오홍슈(小紅書, 중국판 Instagram, 온라인 쇼핑몰이자 소셜미디어)와 틱톡 마케팅 정도를 통해 한국 브랜드 정보를 접하는 것으로 보인다.

블랙핑크 제니의 인스타그램에 올라와 품절 대란을 낳은 민주킴의 블랙 드레스와 글로니의 스커트, 걸그룹 아이브가 새 앨범 뮤직비디오에서 입은 한국적 아름다움을 풍기는 민주킴 의상이 화제가 되는 등 아이돌과 K-POP 스타들의 수많은 사례가 이를 보여준다. 이들이 입은 패션이 SNS를 통해 확산되는, 아직은 K컬처에 얹혀가는 패션이라고 할까?

트렌드 변화를 빠르게 포착해 제품에 반영하는 것은 한국 디자이너 브랜드들의 최고의 강점이다. 상품을 아름답게 표현하는 비주얼 실력 면에서도 타의 추종을 불허한다. 특히 인스타그램 등 소셜미디어 발휘력과 실제보다 더 '있어빌리티'한 연출방법도 탁월하다.

지금 시작된 이 열풍을 잘 이어가기 위해서는 각 브랜드들의 독자적인 움직임과 동시에 플랫폼의 글로벌화가 강력한 레버리지(지렛대)로 작용할 수 있을 것으로 보인다. 현대백화점과 무신사의 글로벌 진출은 국내 브랜드의 해외 발판 마련에 매우 효과적인 방법이다.

'더현대 서울'이 K패션 브랜드 팝업의 성지로 떠오르고 한국에 여행 오는 해외 관광객에게 머스트고 플레이스(Must-go Place)로 손꼽히는 것, 무신사가 오프라인으로 영역을 확장, 최근 여섯 번째 오프라인 매장을 오픈함과 동시에 도쿄에서 팝업을 진행하고, 한편에서 무신사 재팬이 마르디메크르디, 아모멘토 등의 팝업과 온라인 스토어 오픈을 지원하는 등 글로벌 현지화를 구체화해나가는 것이 그런 움직임이다.

W컨셉도 미국 블루밍데일즈에 팝업스토어를 열고 자사에 입점한 마론에디션, 킨더살몬, 렉토, 로켓런치, 제이청 등 국내 신진 디자이너 브랜드 11개를 소개하기도 했다. In & Out으로 이어지는 이런 시너지는 기회의 외연을 확장할 매우 효과적인 방식이다.

다만 이 초기 호감이 호기심이나 관광객으로서 한 번 구매하는 게 아니라 꾸준하게 전 세계인들에게 사랑받는 브랜드로 뿌리내리기 위해서는 일관된 퀄리티와 정체성, 브랜드 철학 등이 필요하다. 표피적인 포장이나 마케팅력보다는 확고한 실력이 뒷받침되어야 한다.

K패션, ODM 기업과 협업, 지속 가능 장르로 발전해야

더욱 파편화되어가는 세계 시장에서 이제 막 뜨기 시작한 한국의 패션 브랜드들이 지속 가능한 비즈니스로 정착하기 위해서는 무엇보다 안정된 퀄리티에 집중하고 철학의 기초를 단단히 하는 노력이 절실하다. 비주얼이 멋진 초기 장점을 부각하는 마케팅 스킬을 넘어서 단단한 뿌리를 내려야 하는 것이다. 이를 위해서는 무엇보다 실력 있는 생산 파트너가 필요하다. 규모 대비 마케팅에 많은 돈을 쓰다 보니 제품력에 쓸 돈이 부족한 현재의 상태로는 장기전에 대비하기 어렵다.

그렇다면 패션산업에는 뷰티의 한국콜마나 코스맥스와 같은 실력 있는 ODM 제조기반이 존재하지 않는 걸까? 그래서 스몰 브랜드들이 각자도생 해야 하는 면에서 한계가 있는 것일까. 아니다. 존재하지 않는 게 아니라 국내 의류 ODM 기업들은 수출에만 주력한다.

한세실업, 세아상역, 한솔섬유, 신성통상, 아웃도어 부문의 영원무역, 핸드백의 시몬느, 제이에스코퍼레이션, 신발의 화승엔터프라이즈 등은 해외의 빅 패션기업들로부터 실력을 인정받은 뛰어난 실력자에다 풍부한 경험을 갖추고 있다. 시몬느의 경우 로에베, 셀린느, 마크제이콥스 등 하이앤드 브랜드들의 패션잡화 기획과 생산을 도맡아온 세계 최고 실력자로 인정받는다.

프리미엄군의 아우터만 골라 수출하는 더인터맥스와 아마존에서 낙점한 다운 전문 케이엘림뉴스타처럼 부문별로 특화된 중소 ODM 업체들도 있다. 이들은 중국, 인도네시아, 방글라데시, 베트남, 미얀마, 과테말라 등 세계 각지에 공장을 운영한다. 이들의 생산력과 경험, 글로벌 네트워크가 K패션과 결합된다면 어떤 일이 일어날까?

ODM기업과 스몰 브랜드들을 연계할 마켓인텔리전스(Market Intelligence)를 제공할 AI테크기업과의 연계도 생각해 볼 만한 시점이다. 마켓인텔리전스는 사전적 의미로는 급변하는 환경에 대응하기 위해 기업에 적합한 정보를 수집, 가공, 분석해 기업의 비전과 목표에 맞게 전략 방향을 설정해주는 것을 의미한다.

밸류체인이 길고 프로세스가 복잡한 패션산업의 현실은 뷰티와는 또 다르기 때문에 ODM 업체와 스몰 브랜드 간 간격을 메우기가 쉽지 않다. 따라서 글로벌 마켓별 소비자 타깃에 맞는 데이터를 제안해주고 그에 따라 최적화된 상품에 집중해 생산할 수 있다면 리스크 부담을 훨씬 줄일 수 있지 않을까.

또 하나의 방법은 풍부한 경험과 실력, 지혜를 가진 언니들과의 협력이다. 디지털과 마케팅에는 지금의 MZ들보다야 못하겠지만 디자인, 기획, 생산에 걸친 모든 과정을 온몸으로 경험하며 성장해온 선배들은 디지털의 흐름과 산업의 재편 속에 무대 뒤로 밀려나 있다. 아직도 충분히 발휘할 수 있는 경쟁력을 썩히고 그 에너지를 주식과 인스타그램에 쓰고 있으니 얼마나 국가적 낭비인가.

게다가 패션이든 뷰티든 MZ를 대상으로 하는 시장만 볼 것인가. 시니어 인구가 늘어나는 것은 국내뿐 아니라 전 세계적인 추세다. 인구만이 아니라 경제력과 건강한 몸을 지닌 여전히 젊은 시니어들의 라이프스타일 역시 전 세계 공통 흐름이다. 이런 블루오션에서 이들의 까다로운 취향을 제대로 저격하기 위해서는 무엇보다 그들을 잘 이해하는 선배들의 안목과 경험이 꼭 필요하다.

패션 시장은 뷰티보다 훨씬 크다. 2023년 기준 전 세계 화장품 시장 규모는 약 5,110억 달러, 패션 시장 규모는 약 3조 달러 규모로 추산, 뷰티 시장의 6배에 달한다. 패션과 뷰티 두 시장은 서로 트렌드를 공유하며 공동 마케팅을 통해 소비자에게 통합적인 경험을 제공하는 시너지도 가능하다. 이것이 가능하다면 전 세계 스타일 시장을 우리가 주도할 수도 있지 않을까.

마침 K-POP이 이렇게 세계로 직행할 고속도로를 뚫어준 기회의 시대에 '단절'은 우리의 가장 나쁜 유산이다. 세대별로 시대별로 단절하고 분리해온 역사는 이제 끝내야 한다. 시대마다 촘촘하게 이어져서 윗세대의 것을 충분히 소화하고 이를 더 발전시켜가는 축적과 연결의 역사, 그래서 K패션이 유행이나 형용사를 의미하는 K를 떼어내고 하나의 장르로 우뚝 서서 산업경쟁력이 되고 나아가 국가경쟁력으로 이어지는 날이 곧 오지 않을까. 아니 우리가 그날을 향해 '함께' 가야만 한다.

한국 패션
50년 연대기

《패션비즈(Fashionbiz)》
2020년 8월호
게재 내용중 발췌

	1950~1960	1970	1980~1983
패션시장 규모	5000억원	1조원대 진입	1조5000억원
패션시장 신장률	–	50%	50%
사회적 이슈	• 1950년대: 6.25 전쟁 이후 국토 전체가 폐허 • 1960년대: 박정희 정권 기점으로 국가경제개발 5개년 계획 강력히 추진 • 1969년: 최초의 신용카드 발급	• 수출사업 활기(섬유수출 포함) • 새마을운동	• 1983년: 교복자율화(청소년 패션 부상) • 해외 문물의 국내 입성(음악, 잡지, 패션 등)
패션마켓 이슈	• 맞춤 의류와 기성복 공존 • 동대문, 남대문 등 재래시장 중심으로 기성복 보급화 • 섬유산업 성장과 함께 메리야스, 남성정장(양복점) 등의 시장 형성 • 가죽 신발(구두 등) 등장(제화 3사 기성화 생산 본격화)	• 기성복 브랜드 론칭 본격화(패션의 다양화) • 재래시장과 부티크(맞춤)의 공존 • 각 복종별 브랜딩 개념 도입 • 남성복, 아동복, 구두 브랜드들 먼저 부각되기 시작함	• 남성복(양복) 시장의 발달 • 나이키 등 해외 스포츠 브랜드 국내 론칭 • 제일모직, 엘지패션, 나산을 비롯해 논도, 성도, 뱅뱅, 서광 등 리딩 기업의 등장 • 아동복, 침장, 이너웨어 시장 급성장
주요 론칭 브랜드	• 1946년: 한흥메리야스 • 1954년: 비너스, 트라이 • 1957년: 비비안, 백양 • 1954년: 금강제화 • 1957년: 엘칸토 • 1960년: 에스콰이아 • 1966년: 한고상사, RF상사	• 1970년: 뱅뱅 • 1973년: 동진사, 코오롱스포츠 • 1974년: 인디안, 미즈노 • 1976년: 캠브리지멤버스, 소다 • 1977년: 로가디스, 톰보이, 티파니(아동복) • 1978년: 세라, 데코 • 1979년: 슈페리어, 아가방, 베비라, 탠디, 박홍근홈패션	• 1980년: 맨스타, 나이키 • 1981년: 프로스펙스, 아놀드파마 • 1982년: 닥스, 폴로랄프로렌, 아디다스, 아식스 • 1983년: 조이너스, 갤럭시, 닥스, 리바이스 • 1984년: 모아베이비, 톰키드
유통 이슈	• 백화점이 서울 시내에 등장하기 시작 • 재래시장 중심 • 1955년: 신세계 전신 동화백화점 오픈 • 1966년: 미도파백화점 △ 국내 최초의 백화점은 1930년대 미쓰코시 경성점, 최초의 민족자본 백화점은 1931년 화신백화점	• 롯데, 현대, 신세계 빅3 유통 태동기 • 1977년: 현대쇼핑센터(현 현대백화점) • 1979년: 롯데쇼핑센터(현 롯데백화점)	• 대형 백화점이 패션 트렌드 리딩 • 서울 명동 등 스트리트 상권도 동시에 발달

1984~1985	1986~1987	1988	1989
2조원대 진입	2조5500억원	3조4000억원	4조3000억원
33%	25%	33%	27%

	· 86 아시안게임 · 88올림픽 앞두고 경제 성장기	· 88 서울올림픽 · '한강의 기적' 절정 · 89년 해외여행 자유화(패션의 글로벌화)	

· 패션 대리점 사업의 시작 · 이랜드, 성도, 대현 등 패션 전문기업의 성장기 · 이랜드의 등장과 함께 패션 프렌차이즈 비즈니스의 성공 가능성 확인	· 패션 대리점 부흥기 · 전국적으로 로드숍 상권이 형성, 대리점 사업의 부흥기 접어듦 · 여성들의 사회진출이 늘어나면서 여성 정장이 활기	· 전국적으로 대형 백화점 출점 · 수입 의류 시장의 태동기, 대학생들이 패션 소비주체로 부상 · 여성 오피스룩 1차 전성기 · 골프웨어, 스키복, 데님 브랜드 등 좀 더 세분화된 조닝이 형성되기 시작	· 브랜드, 메이커의 가치가 평가되기 시작 · 빈폴 등 글로벌 스탠다드에 맞춘 빅 브랜드 론칭, · 브랜딩에 포커스한 마케팅도 활발 · 캘빈클라인 등 수입 브랜드 활기

· 1984년: 이랜드, 헤드 · 1985년: 샤트렌, 라코스테, 인터메조, 잠뱅이, 브이네스, 잭니클라우스, 고세, 비와이씨	· 1986년: 블루페페, 코모도, 마에스트로, 리, 르까프, 엘레쎄, 리복, 꼬망스, 가파치, 캘빈클라인언더웨어 · 1987년: 패션비즈(구 섬유저널) 창간	· 마인, 비아트, 솔리드옴므, 파크랜드, · 블랙앤화이트, 트렉스타, 아이리스, · 파코라반(침구)	· BCBG, 빈폴, 체이스컬트, 캘빈클라인진, 먼싱웨어, 이동수골프, 에코로바, 미소페

· 고급 브랜드는 백화점, 대중적인 브랜드는 로드숍으로 유통별 마켓 분리 · 패션 대리점 봇물과 함께 로드숍 강세	· 경제성장과 함께 백화점 매출 규모 확대 · 패션 대리점과 로드숍 강세 지속	· 백화점 유통에 의해 패션시장이 발전하게 됨 · 1988년: 롯데백화점 본점 신관, 롯데 잠실점, 현대 무역점 등 주요 점포 오픈 속속 · 여성복, 남성복, 캐주얼, 스포츠 등 현재의 조닝 체제 기반 닦음	

	1990	1991	1992
패션시장 규모	5조4000억원	6조8000억원	8조5000억원
패션시장 신장률	25.6%	25.9%	25%
사회적 이슈	· 독일 통일. 자유민주주의가 승리하면서 전세계 미국 중심 재편	· 이라크의 쿠웨이트 침공 '걸프전쟁' 발발. · 글로벌 유가 불안 및 경기 침체 · 국립공원 내 취사 및 야영 전면금지	· 1991년 그린벨트 해제 이후, 산 중 골프장 설립 허가 증가
패션마켓 이슈	· 여성 커리어, 캐릭터 황금기 · 해외 언더웨어 브랜드 속속 도입, 태창 등 신규업체 진출	· 골프웨어 및 캐주얼 시장 강세 · 남성복 전문기업 중저가 신사복으로 경쟁 · 올림픽 거품 빠지고 캐주얼 인기에 맞춰 스포츠 캐주얼 부상	· 여성 영 시장 주목 · 핸드백 브랜드 론칭 활발
주요 론칭 브랜드	· 시스템, 베스띠벨리, 쿠기, 옴파로스, 엘로드, 울시, 해피랜드, 이랜드주니어, 루이까또즈, 트라이엄프	· 로엠, 휠라, 링스, 영원, 쌤 소나이트, MCM	· 온앤온, EnC, 메트로시티
유통 이슈	· 24시간 소매 형태 'CVS(편의점, ConVenience Store)' 도입 · 재래시장 침체기 돌입. 잠실~반포 등 황금 상권으로 급부상 · 백화점 수입 의류 매장 확대(갤러리아 중심) · 백화점, 서울 외 경기권과 지방권으로 유통 확대		

1993	1994	1995	1996
11조6500억원	14조7700억원	17조3100억원	22조원
37.1%	26.8%	17.2%	27.1%
· 다자간 무역협상 '우루과이라운드' 타결. 글로벌 시장 개방화와 국제화 급물살 · 국내에서 스키, 오토캠핑 등 인기	· 성수대교 붕괴 사건 · 유럽연합(EU) 탄생, 북미자유무역협정(NAFTA) 발효로 보호무역주의 심화 · IT 업계 '멀티미디어' 강조	· 삼풍백화점 붕괴 · 세계무역기구(WTO) 출범 · 지방자치제, 금융실명제 전격 실시 · 1인당 국민총소득(GNI) 1만 달러 돌파	· 대한민국, 아시아 두 번째 OECD 정회원국
· 여성 영캐릭터 시장 황금기 · 핸드백 시장 규모 연간 4000억 원대	· 라이선스 진캐주얼 중심 시장 확대 · 중저가 패션 브랜드 증가 · 고어텍스, 듀퐁 등 수입 화학 섬유 브랜드 도입량 증가	· 여성 영캐주얼 마켓 성장 시작 · 패션 이너웨어 전성기 · 안전에 대한 경각심 강조되면서 아웃도어, 용품에서 어패럴로 확대	· 영캐주얼 마켓 전성기 · 남성 캐릭터캐주얼 성장 · 캔버스슈즈 트렌드
· 타임, 오브제, 아이잗바바, 닥스셔츠, 지오다노, 쌈지	· 닉스, GV2, 베이직, 스톰, 트렉스타, 헌트이너웨어	· 나이스크랍, 미샤, 지오지아, CP컴퍼니, 블랙야크, 트윈키즈, 보디가드	· 주크, 크로커다일레이디스, 지이크, 컨버스, 스프리스, 빈치스벤치, 앤클라인, 모던하우스
· 3단계 유통시장개방계획으로 외국 대형 유통업체 국내 진출 대폭 확대. 중소 유통 타격 · 신세계'백화점 '이마트' 론칭	· 미국 회원제 창고형 할인점 '프라이스클럽' 도입 · 농협중앙회 '농협하나로클럽' 론칭		· 전국 백화점 개수 106개. 판매 실적 급팽창 · 유럽 최대 유통 '까르푸' 국내 진출

	1997	1998	1999
패션시장 규모	21조원	15조2000억원	18조원
패션시장 신장률	-5%	-28%	18%
사회적 이슈	· IMF 외환 위기 · '평생직장' 개념 사라지고 호봉 → 연봉으로 대체		· 밀레니얼 '세기말 분위기'의 확산과 함께 다양한 문화 콘텐츠 발생 · 디지털, 사이버 등 단어 사용 확산
패션마켓 이슈	· 골프웨어 황금기 시작 · 이지캐주얼 시장 급팽창 · 침장에서 가구 및 인테리어로 라이프스타일 시장 확대	· 대형마트 활성화에 따라 중저가 유아동복 시장 팽창	· 스포츠, 패션 스타일로 인기
주요 론칭 브랜드	· 보브, 쉬즈미스, 오즈세컨, 클라이드, 티니위니, MLB, 르꼬끄스포르티브, 닥스골프, 컬럼비아스포츠웨어	· 린, 미니멈, 모조에스핀, FRJ, 나이키골프, 빈, 압소바, 헬로키티	· 구호, 지고트, 샤틴, DKNY 맨즈, NII, 카파, 올포유, 트레비스, 블루독, 코즈니
유통 이슈	· 롯데백화점 '마그넷' 개점	· 미국 유통공룡 '월마트' 국내 진출	· 한영 합작 유통 '삼성테스코' 출범 · 대형할인점 중심 유통 재편 '무한 가격 경쟁 시대' 돌입

2000	2001	2002	2003

21조원	22조9000억원	24조6000억원	25조6000억원

17%	9%	7%	4%

		• 한 · 일 월드컵	• 대중문화 황금기
• IT 벤처산업 확장, 저출산 고령화		• 금강산 관광 확대 등	• 2004년 : 주 5일 근무제 시행
			• 2006년 : 독일 월드컵

			• 스포츠캐주얼 · 골프웨어 강세
• 온라인 시장 확대로 글로벌 패션 시장 개막		• 스마트웨어, 특수 소재를 활용한 신소재 패션 주목	
• 해외 컬렉션 수주 확장			• 감성 캐주얼, 진 캐주얼 인기

• 스트리트, 캐주얼 복종 비롯 전 캐주얼 시장 부흥기
• 아웃도어 상품 판매율 UP

• 타임옴므, 숲, 헤지스, 써스데이아일랜드, 베이직하우스 등	• 바닐라비, 쿠아, 뉴발란스, 휠라골프, 먼싱웨어, 슈콤마보니, 키플링 등	• 라인, BNX, 마인드브릿지, 이엑스알, 보그너, 캘러웨이, 에뜨와, 러브캣 등	• 잇미샤, 코데즈컴바인, 애스크, 지스타, 무인양품

• 백화점, 아울렛 중심 오프라인 채널 여전히 강세 속 온라인몰 시작됨	• 백화점 중심 브랜드들의 스트리트 로드숍 확장, 패션 ~ 뷰티원 브랜드숍 론칭		• T커머스 등장 – 아날로그에서 디지털로 패러다임 바뀌는 환경
			• 홈쇼핑, 인터넷 상거래 발전
• 해외 직구몰, 온라인 쇼핑몰 등의 기반 형성			• 아울렛, 홈쇼핑 기세, 온라인 패션몰 급팽창

	2004	2005	2006
패션시장 규모	25조9000억원	27조8000억원	29조6000억원
패션시장 신장률	1%	7%	6%
사회적 이슈	• 대중문화 황금기 • 2004년 : 주 5일 근무제 시행 • 2006년 : 독일 월드컵		
패션마켓 이슈	• 스포츠캐주얼 · 골프웨어 강세 • 감성 캐주얼, 진 캐주얼 인기	• 남성 패션 시장이 여성복 시장보다 커지기 시작 → 그루밍족 확산 • LG패션 패션 마켓 진출, 제일모직과 국내 의류 시장 리딩	• 수입 이너웨어 시장 개막
주요 론칭 브랜드	• 탱커스, GGPX, 본, 폴햄, 버커루, 타미힐피거데님, 버그하우스, 컬리수	• 지센, 올리비아로렌, AK앤클라인, 코데즈컴바인포맨, 유니클로, 에비수, 트루릴리전, 라푸마, 블루테일, MCM 독일본사 인수 등	• 르샵, 모그, 플라스틱아일랜드, 세븐진, 어스앤뎀, 르꼬끄골프
유통 이슈	• T커머스 등장 – 아날로그에서 디지털로 패러다임이 바뀌는 환경 속 홈쇼핑, 인터넷 상거래 발전 • 아울렛, 홈쇼핑 가세, 온라인 패션몰 급팽창	• 가두 유통 청담동, 압구정동 중심으로 럭셔리 수입숍 사세 확장, 수입 멀티숍 전성시대	• 마트(할인점) 성숙기 돌입 • 이랜드 – 까르푸, 이마트 – 월마트 인수

2007	2008	2009	2010~2011

31조2000억원	31조5000억원	28조3800억원	37조8000억원(2010)

5%	1%	−8%	9.4%

	2008	2009	2010~2011
	· 서브프라임 모기지 사태 · 2009년 : 스마트폰 보급 시작		· 스마트폰 보급화로 모바일 중심 소비 트렌드 부상
	· 탈 신사복, 남성복 캐릭터 캐주얼 강세 · 프리미엄 진 마켓 활성화, 중저가 마켓 활황		· 에잇세컨즈, 미쏘, 에이치커넥트 등 여성 SPA 마켓 확대
· 에스쏠레지아 · 띠어리맨 · 테이트 ·DKNY진 · 루이까스텔 · 포래즈	· 더아이잗 · 에이든 · 헤지스 ACC · 자라	· 르베이지 · 아날도바시니 · 지프 · 쿠가 · 데상트 · 카파 재론칭 · 폴로골프 · · 파리게이츠골프	· 2010년 : 랩(LAP) · 블루독베이비 · 라빠레뜨 · 마리메코 · 2011년 : 디스커버리 · NBA · 원더플레이스 · 질스튜어트뉴욕 · 커터앤벅 · 제이에스티나 · 찰스앤키스
	· 수입브랜드 확장 → 프리미엄 아울렛 유통 증가, · 글로벌 SPA 브랜드 중심 메가숍 확대 · 복종간 보더리스 현상 신화		· '에이랜드' 등의 온라인 브랜드 편집숍부터 '어라운드더코너' '비이커' '쿤위드어뷰' 등 대기업 편집숍 론칭 봇물 · '무신사', 'W컨셉' 등 신진 디자이너 기반 온라인 편집숍 태동~두각 드러냄 · 프리미엄 아울렛 전성시대, 주요 유통으로 부상

	2012~2013	2014	2015
패션시장 규모	45조5000억원(2013)	46조3000억원	47조7000억원
패션시장 신장률	40%	1.7%	3%
사회적 이슈		· 2014년 세월호 침몰로 사회적 분위기 침체	· 메르스사태
패션마켓 이슈	· 골프웨어 역신장 심화, SPA 브랜드 강세 · 스트리트 캐주얼 패션 주류로 급부상, · 전 복종 캐주얼라이징 · 아웃도어, 전 복종 강타	· 인테리어, F&B 등 패션 기업 라이프스타일 카테고리 확장 · 블로그 마켓, 인스타그램 마켓 등 온라인과 SNS 중심의 패션 마켓 성행	· 메르스 타격 이후 유커 감소로 패션시장 위축 · 스포츠, 골프, 아웃도어 마켓 비중 31% 상회 · 휠라아웃도어, 헨리한센 등 아웃도어, 중단 속출
주요 론칭 브랜드	· 2012년 : 까스텔바작 · 바네사브루노아떼 · 럭키슈에뜨 · 언더아머 · 에잇세컨즈 ·에피그램 · 2013년 : 이로 · 알레그리 · 뉴발란스키즈 · 블랙야크 키즈 · 루즈앤라운지 · 자주	· 2014년 : 시에로 · 덱케 · COS · 배럴 · 와이드앵글 · 마크앤로나 · 데상트골프	· 2015년 : 벤제프 · 일모 · 더캐시미어 · 룰루레몬 · 스파이더 · 엄브로 · 칼린 · 오이쇼
유통 이슈	· 스타일난다, 난닝구 등 온라인 브랜드의 백화점 유통 등 제도권 진입 · 주요 백화점 아울렛, 홈쇼핑, 복합쇼핑몰 등 다각도로 업태 확장	· 오아이오아이, 커버낫 등 · 스트리트 브랜드 붐으로 '무신사'와 같은 온라인 플랫폼 동반 성장	· 8월 현대백화점 판교점 오픈 · 시내면세점 사업권 쟁탈전

2016~2018	2019	2020~
49조3000억원(2017)	50조원	50조4500억원
1%	1.2%	
· 2018년 7월 주52시간제 도입으로 워라밸 문화 확산 · 2018 평창 동계올림픽	· 역대급 불황으로 손꼽히는 해	· 코로나19의 글로벌 확산으로 오프라인 셧다운
· 2018년 평창올림픽 여파 등 롱패딩 국민 아이템 등극 · 등산 & 골프 등 레저관련 패션 브랜드 고신장 · 크리스, 엠코르셋, 패션플 랫폼 등 패션 기업 코스닥 시장 상장	· 일본의 수출규제로 상품 불매 운동 여파 → 유니클로, 데상트, ABC마트 등 타격 · 기업회생절차와 기업 간 매각 인수 이슈 활발 · 제도권 기업 온라인 브랜드 론칭 봇물	· 온라인 브랜드 론칭 봇물 · 애슬레저의 일상복화, 패션 → 라이프스타일 확산 가속화 · 지속가능패션에 대한 인식과 가치가 높아짐
· 2016년 : 지프 · 2017년 : 블루라운지 마에 스트로 · 다이나핏 · 볼빅 · 폴햄키즈 · 포멜카멜레 · 이파네마 · 2018년 : 라이프워크 · 송 지오옴므 · 톨비스트 · 캉골 키즈 · 분크 · 스트레치엔젤 스 · 피터젠슨	· 2019년 : 쥬시꾸뛰르 · 구호플러스 · 스릭슨 · 세인트 앤드류스 · 내셔널지오그래 픽키즈 · 코닥어패럴 · 골	· 2020년 : 코닥 · NFL · 스노우피크어패럴 · 플래닛 머큐리 · 미즈노골프 · 파파게노 · 디어케이 · 시스티나 등
· 백화점, 홈쇼핑, 온라인등 PB 론칭 봇물 · 온라인 브랜드는 홍대, 제 도권 브랜드는 가로수길로 몰림현상, 핫스폿 재부활 · 블랭크코퍼레이션 등 미디 어와 콘텐츠 결합한 미디어 커머스 기업 출범	· 주요 오프라인 유통은 명품, F&B, PB 브랜드, 체험 콘텐츠 확대해 차별화 & 집객 유도 · 유튜브 마케팅에 대한 관심 급증	· 무신사 등 이커머스 마켓이 패션 리테일 주도 · 전통 유통들도 언택트 소비에 대응해 라방 채널 확대